図解

住まいの

暮らしやすさから考える
家づくりのポイント

堀野和人・加藤圭介 著
日本建築協会 企画

設備設計

JN108474

学芸出版社

はじめに

　住宅に関する設計業務というと、意匠、構造、設備、申請設計が考えられ
ますが、一般的な住宅においては、意匠設計者がそのすべてをこなすのが一
般的で、設備設計の担当者が社内に常駐している例は稀でしょう。

　私が住宅設計の仕事を始めた際、建築基準法をはじめとする法律、間取り
作成、取り扱うキッチンの仕様などの基礎知識を学ぶすべはあっても、水道
や電気などの設備に関する専門知識を学ぶ機会、教本などは多くありません
でした。建築設備を学べる本はありましたが、その多くは鉄筋コンクリート
造などのビルに関してのものが大半で、その中の数ページに住宅にも使える
内容が掲載されていた程度で、あまり役に立たなかったように記憶していま
す。

　本書では、第1部「知っておきたい住宅設備の基本」で、なぜ排水設備
には合流式と分流式があるのか、分電盤はどのようにして選べばよいのかな
ど、今さら聞きにくい基礎知識から、クーラーのコンセントはどの位置に設
置すればよいかのような、筆者が気にかけている少々細かい納まりに至るま
でを、設備の種類ごとにまとめています。

　第2部「住宅設備設計のポイント」では、本書の副書名でもある「暮ら
しやすさから考える家づくりのポイント」の通り、玄関・ホールやリビング
ダイニングなどの空間ごとに、スイッチ・コンセントの配置、洗面台・便器
など設備機器の選定やその設置基準をまとめています。

　特にこれから住宅設計を志す方にとっては、本書を住宅設備の基本がわか
る本としてご活用いただけると幸いです。

堀野和人

目次

はじめに ………………………………………………………………………………………… 3

第1部　知っておきたい住宅設備の基本 …………………………… 7

▎01　給排水設備 …………………………………………………………………… 8
1　給水設備 ………………………………………………………………………… 8
1 給水管の引込み状況と管径の確認／**2** 配管材料と施工方法
2　排水設備 ……………………………………………………………………… 12
1 合流式と分流式／**2** 雨水排水設備／**3** 雑排水・汚水排水設備／**4** 浄化槽設置の注意点

▎02　電気設備 ……………………………………………………………………… 22
1　屋外電気設備 ………………………………………………………………… 22
1 引込み方式と電力契約／**2** 地中埋設配管工事と電線の種類／**3** 分電盤の選択
2　電気に関する法律 …………………………………………………………… 28
3　屋内電気設備 ………………………………………………………………… 30
1 照明器具の光束と照度／**2** ダウンライト配灯のポイント／**3** 間接照明の設計・施工／
4 コンセント・スイッチ設置の注意点

▎03　換気・冷暖房設備 …………………………………………………………… 42
1　換気設備 ……………………………………………………………………… 42
1 シックハウス対策と24時間換気設備／**2** 機械換気設備の形式／
3 第三種換気設計のポイント
2　冷暖房設備 …………………………………………………………………… 48
1 壁掛けエアコン設置の注意点／**2** 床暖房設備の種類と特徴

▎04　防災・防犯設備 ……………………………………………………………… 54
1　防災設備 ……………………………………………………………………… 54
1 建物火災の現状／**2** 火災警報装置の設置
2　防犯設備 ……………………………………………………………………… 56
1 住宅への侵入窃盗と防犯環境設計／**2** 出入口となる開口部（窓・扉）の強化／
3 ホームセキュリティ／**4** その他の設備

▎05　省エネ・創エネ設備 ………………………………………………………… 62
1　ZEH　消費エネルギーをゼロにする家 ………………………………… 62
2　HEMS　エネルギーを見える化。スマホ連携でさらに安心・便利に ……… 62

▎06　ガス・給湯設備 ……………………………………………………………… 64
1　ガス設備 ……………………………………………………………………… 64
1 都市ガス／**2** LPガス／**3** 使用機器の制限
2　給湯設備 ……………………………………………………………………… 66
1 ガス／**2** 電気／**3** ガス＋電気（ハイブリッド型）

Column　打ち合わせをイベント化して効率化する ……………………………… 68

第2部　住宅設備設計のポイント

第2部　住宅設備設計のポイント ·········· 69

┃01　玄関・ホールの設備 ·········· 70
1　接客に適した照明とコンセントの配置 ·········· 70
　1 照明配置は明るさと演出・利便性で考える／
　2 コンセント配置は目立たず掃除機の使いやすい場所に
2　外とつながる空間の湿気対策 ·········· 72
3　高齢者等に便利で安心な設備 ·········· 74
　1 手すり／2 ベンチ／3 ホームエレベーター
4　家に汚れを持ち込まないための給水設備 ·········· 78
　1 今後ニーズが高まる玄関の水洗設備／2 手洗い設備設置のケーススタディ

┃02　浴室の設備 ·········· 80
1　健康増進・美容の空間をデザインする ·········· 80
　1 在来工法とユニットバス・ハーフユニットバス／2 サイズの選択／3 出入口扉の選択／
　4 リラクゼーション仕様の選択
2　健康の大敵である真冬の寒暖差を解消する ·········· 84
　1 換気扇と24時間機械換気システム／2 ヒートショックと浴室換気乾燥暖房機
3　高齢者等に必要な設備 ·········· 86
　1 ユニットバスのレイアウトと空間寸法／2 手すり／3 その他の設備

┃03　洗面室の設備 ·········· 88
1　洗面室の収納力で考える化粧洗面台のデザイン ·········· 88
　1 化粧洗面台の選択／2 洗濯設備の選択
2　防湿対策と利便性を考えて配置する ·········· 94
　1 照明配置計画／2 コンセント配置計画
3　寒くて湿っぽい洗面室の環境を改善する ·········· 96
　1 換気設備の選定／2 暖房設備の選定
4　高齢者等に必要な洗面室の工夫 ·········· 98
　1 洗面台の配置と空間寸法／2 手すりの設置／3 車いす用洗面台／4 その他の設備

┃04　トイレの設備 ·········· 102
1　おもてなし空間でもあるトイレの計画 ·········· 102
　1 便器・便座の組み合わせ／2 便器・便座機能の選択／3 手洗い器の選択
2　スイッチは外、照明は眩しくない配置に ·········· 108
　1 照明配置計画／2 コンセント配置計画
3　換気扇は24時間対応で外観を損ねないように ·········· 110
　1 局所換気の必要性／2 必要換気量と機器の選定／3 外観への配慮
4　高齢者等に必要なトイレの設備 ·········· 112
　1 トイレの配置と空間寸法／2 手すりの設置／3 その他の配慮

┃05　キッチンの設備 ·········· 116
1　見栄えと実用性を兼ねたキッチンの計画 ·········· 116
　1 キッチンの選択フロー／2 主要装備の選択

　2　調理しやすい照明とコンセントの配置 ………………………………………… 122
　　1 照明配置計画／2 コンセント配置計画
　3　より安全に快適に調理するための設備 ………………………………………… 126
　　1 床暖房／2 感知警報装置とガス漏れ警報器／3 スピーカー付きダウンライト／
　　4 同時給排気レンジフードと差圧感応式給気口／5 床下点検口と収納庫

│06　リビング・ダイニングの設備 ……………………………………………………… 130
　1　短くなるテレビの最適視聴距離 ………………………………………………… 130
　2　ホームシアターを楽しむための設備計画 ……………………………………… 132
　　1 必要な機器と選択の基準／2 防音設備について
　3　暮らしに適した照明で無駄なく過ごす ………………………………………… 136
　　1 多灯分散方式とライトコントロールシステム／2 ペンダント照明の配置
　4　便利なコンセントでストレスなく暮らす ……………………………………… 138
　　1 ダイニングのコンセント配置／2 リビングのコンセント配置
　5　その他必要な設備 ………………………………………………………………… 140

│07　寝室の設備 …………………………………………………………………………… 142
　1　健やかな睡眠のための照明とコンセントの配置 ……………………………… 142
　　1 照明配置計画／2 コンセント配置計画
　2　安全・安心な就寝のための設備 ………………………………………………… 146
　　1 エアコン／2 通風（ブラインド）シャッター／3 室内物干し設備／4 感知警報装置／
　　5 壁埋め込み金庫

│08　和室の設備 …………………………………………………………………………… 150
　1　和の意匠と機能に合わせた照明とコンセントの配置 ………………………… 150
　　1 照明配置計画／2 コンセント配置計画
　2　多用途な和室にあれば嬉しい設備 ……………………………………………… 154
　　1 ビルトインエアコン／2 堀座卓／3 感知警報装置／4 物干し設備

│09　バルコニー・屋根の設備 ………………………………………………………… 156
　1　用途から考えるバルコニーの設備 ……………………………………………… 156
　　1 照明・コンセント設備／2 給排水設備／3 物干し設備／4 サービスバルコニー
　2　太陽光発電設備 …………………………………………………………………… 160
　　1 太陽光発電設備の現状と今後／2 効率よく発電するための屋根の設計

│10　エクステリアの設備 ……………………………………………………………… 162
　1　安全性と美観を兼ね備えた照明計画 …………………………………………… 162
　　1 照明配置計画／2 コンセント配置計画
　2　緑豊かな住環境のための給排水計画 …………………………………………… 166
　　1 屋外給排水計画／2 屋外水栓設備
　3　その他の設備 ……………………………………………………………………… 168
　　1 宅配ボックス／2 カーポート

おわりに ………………………………………………………………………………… 170

第1部

知っておきたい
住宅設備の基本

01　給排水設備

　給排水設備には敷地、建物に水道を引き込み、トイレなどの設備機器に接続する給水設備、雨水や浴室などから排出される汚水を公共桝等に接続する排水設備があります。

1　給水設備

1 給水管の引込み状況と管径の確認

　給水設備の計画を始める前に、計画敷地内の給水管の有無と、引込み管の管径の確認が必要です。現場で目視できる内容もありますが、埋設管の状況などは水道局などでの調査が必要です。

　一般に、新しく引き込む場合や引込み直しに掛かる費用は施主負担です。以下に引込み管に関するチェックポイントをまとめますが、地域差があるため、事前に市役所等で確認して下さい。

❶ 敷地内に引込み管がない場合

　水道本管（配水管）から新しく引き込む必要があります。費用は、計画地から水道本管が埋設されている道路までの距離や道路の種類、道路幅員、交通量、水道本管の埋設位置（道路の計画地側か否か）などによって、道路規制の方法や引込み管の延長が違ってくるため、個別見積もりが必要です。

❷ 敷地内に引込み管がある場合

　水道局で既設管の材質、管径の確認が必要です。鉛管など古い材質であれば、それを撤去した上で新たに引き込み直す必要があります。管径13mmで引き込まれている場合は管を撤去して、新たに管径20mmで引き込みましょう。13mmは一昔前の基準で、現在の生活様式、設備機器の状況を考えると給水圧の関係から推奨できません。引込み管径によって設置できる水栓数が決まっている地域や、20mm以上での引込みを義務づけている地域もあります。

❸その他

- 既存の2宅地を1宅地で利用する場合などで、敷地内に複数の既設引込み管がある場合は、原則として使用する1本を除いてすべて撤去する必要があります。その費用も施主負担です。

- 2世帯住宅や3階建ての住宅の場合は、設置する水栓の数や、給水圧の関係で引込み管径の変更（20mm → 25mm）が必要になる場合があります。地域によっては3階に水回りがある場合には、加圧ポンプの設置が必要になります。

- 2世帯住宅で世帯別に水道請求金額を分ける場合は、給水管を2本引き込み、それぞれにメーターを設置する必要があります。

- 新しく水道を引き込む場合、地域によっては加入金等が必要になるので、その内容を確認しましょう。一般にメーターの口径によって加入金等が異なり、メーター口径を変更する場合は、その差額が必要となります。

給水装置の管理区分例

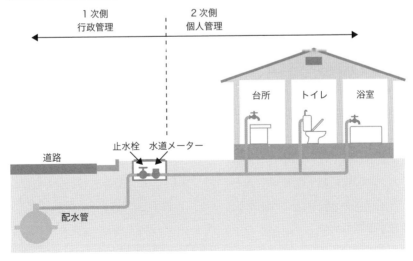

2 配管材料と施工方法

　ここでは給水工事に必要な材料と、その施工方法について記します。給水管の維持管理のしやすさへの配慮については、16頁を参照してください。

❶ 配管材料

　一般に屋外の給水配管材料として用いられるのは、HIVP（耐衝撃性硬質塩化ビニル管）です。一般のVP（塩化ビニル厚肉管）は耐衝撃性が弱く、施工中や低温時に破損することがありました。それを強化して生まれたのがHIVPです。

　屋内の配管材ではVPよりも軽く、柔軟性があり衝撃にも強い、架橋ポリエチレン管やポリブデン管が用いられています。

❷ 施工方法

　屋外配管における埋設深さは、破損防止や凍結防止の観点から300mm以上を基本として計画して下さい。

　屋内配管工事には在来工法（先分岐工法）とヘッダー工法があります。在来工法は、エルボやチーズ管などの継手を使用して、主管から枝状に各設備機器へ給水する方法です。ヘッダー工法は右図のように、洗面室に設けた床下点検口などからメンテナンスしやすい場所に給水給湯用のヘッダーを設置し、そこから各設備機器へ分岐し給水する方法で、現在主流となっています。ヘッダー工法の主なメリットは以下の通りです。

- **施工性**

　在来工法では一本の主管から各設備機器に枝管で接続するため、接続箇所が多く発生しましたが、ヘッダー工法では少なく済みます。そのため、特殊な工具や熟練工も必要なく、漏水の危険も軽減されます。

- **更新性**

　さや管の中に給水管を通す構造となっているため、配管を更新する場合でも構造躯体を傷めずに、給水管だけを抜き替えることができます。

- **快適性**

　従来工法に比べて、複数の水栓を使用した場合の流量変化が小さく、湯待ち時間も短縮できます。

■ ヘッダー工法のイメージ

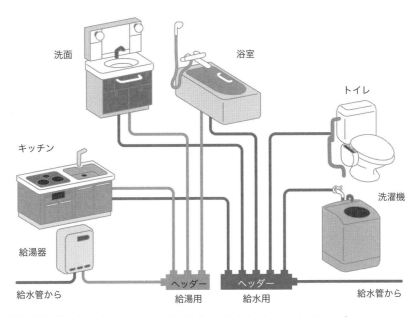

洗面

浴室

トイレ

キッチン

洗濯機

給湯器

給水管から
給湯用
給水用
給水管から

ヘッダー
ヘッダー

（出典：細田工務店　https://www.hosoda.co.jp/quality/technologies/performance/endurance/l）

⌂2 排水設備

1 合流式と分流式

排水の種別には雨水、汚水、雑排水があります。汚水とは、トイレから排出されるし尿を含む排水のことを指し、キッチンや洗面、風呂などから排出される雑排水と区分されます。

公共下水道の処理方式には、汚水（雑排水含む）と雨水を合わせて処理する合流式下水道と、雨水を別に処理する分流式下水道があり、地域によって異なった方式が用いられています。排水設備の計画を始める前に、計画敷地がどちらに該当するか確認が必要です。次にそれぞれのメリット、デメリットをまとめます。

❶ 合流式下水道

下水道がなかった時代、汚水は汲み取りし、雨水と雑排水は側溝や川などに直接放流していました。それが川や海の水質汚濁の原因になっていました。

その後、先行的に下水道が整備された東京などの大都市は、道路幅員が狭く、汚水と雨水の2本の管渠を道路に布設できないこともあって、合流式下水道を主流として整備されました。建設費は割安ですが、汚水処理費がかさむ他、下水管や処理場の能力を超える降雨があった場合に、一部の汚水が海や川に流出するなどの課題があります。

国は平成15年に下水道法施行令を改正し、中小都市170都市においては平成25年度、大都市21都市において令和5年度までに一定の改善対策を完了することとしており、平成19年度より毎年進捗状況を公表しています。

❷ 分流式下水道

全国的には80％を超える地域で整備されている方式が分流式下水道です。汚水と雨水の2本の管渠を道路に布設することから建設費が高く、道路面などに付着した汚れなども、雨水とともに流出するデメリットがありますが、汚水のみを処理するので処理費が安く、汚水が海や川に流出しないメリットがあります。

❸ 屋外排水工事

　公共下水道の処理方法に関係なく、敷地内の配管は雨水と汚水の分流方式です。配管計画の基本として、雨水管と汚水管が交差する場所では、汚水管が下で雨水管が上になるようにします。また、雨水管と汚水管が並列する場合は、原則として汚水管を建物側に計画します。

合流式下水道と分流式下水道の違い

配管計画の基本

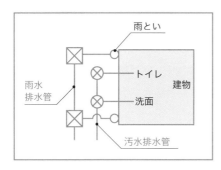

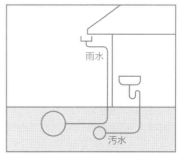

2 雨水排水設備

　敷地内に降った雨水を敷地外へ排水する設備で、計画を行う際には最終放流先となる道路側溝や公共桝底の高さを確認することが重要です。敷地が道路から低いなどで放流レベルが合わない場合は、地盤を上げる必要もあります。

❶ 排水管勾配の設計

　排水管の勾配は管径が100mmの場合1/100以上（1/50以上とする地域もある）で、土かぶりは200mm以上としましょう。桝は管径の120倍を超えない範囲（公共桝と宅内最終桝の間は管径の60倍以内）や屈曲部に設置し、桝の落差（流入―流出）は20mmとしましょう。

　宅地内最終桝の泥溜めは150mm以上とし、定期的に泥上げするなどメンテナンスしましょう。排水管の材料は一般にVPまたはVPより菅の厚みが薄いVU（塩化ビニル薄肉菅）を使用します。

❷ 雨水枡の設置

　屋根に降った雨水は軒樋、竪樋を通って雨水桝に集水され、その後、排水管などを通じて敷地外に排水されます。庭に降った雨水の処理は特別に必要ありませんが、水はけが悪い場合や、タイルなど浸透性のない仕上げの場合は雨水桝を設ける、最寄りの側溝に向けて勾配を付けるなどしましょう。

　雨水枡設置の注意点ですが、桝の上を車両が通行する恐れがある場合は、車両の荷重を考慮して桝蓋の仕様を決めましょう。また、美観上、雨水枡が玄関アプローチなど目立つ位置に設置されないように計画しましょう。やむをえない場合は、化粧蓋を付けるなどして目立ちにくいようにして下さい。

❸ 自然環境に配慮した設備

● 雨水浸透桝

　雨水を地面へ浸透させる設備で、河川への流入量、速度を抑えることで突発的な氾濫を抑制し、気化熱によるヒートアイランド現象も抑制できるなどの効果が期待されます。

● 雨水貯蔵タンク

　水やりなどに使用することで水道代を節約できて、災害時のトイレ水の補

給にも使えます。さらに、地域で設置することにより、ゲリラ豪雨などの影響で雨水排水管がオーバーフローする危険を軽減することもできます。

■ 雨水排水菅勾配の計算式（例）

〈Dより大きくなる場合は、敷地をかさ上げするなどの対策が必要〉

$$D \geqq (1/100 \times L) + \{20 \times (A-1)\} + 300$$

20：桝落差　　300：起点の流出管底
D：最終桝の放流管底高さ
L：最終桝から起点桝までの距離
A：桝の数（インバート桝の場合は計算不要）

■ 雨水浸透桝の例

雨水を積極的に浸透させることで、近隣建物に影響が考えられる場合や、崖地には設置できないなどの制約はあるが、補助金の対象とするなど積極的に推奨する地域もある。

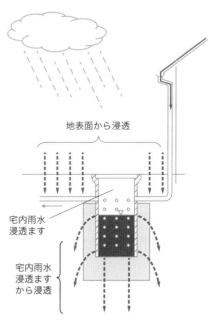

（出典：兵庫県 HP　平成 27 年度 伊丹市 取り組み状況
https://web.pref.hyogo.lg.jp/hnk09/documents/05-06itami.pdf）

3 雑排水・汚水排水設備

　トイレの汚水や洗濯、風呂などから出る雑排水を、排水管、汚水桝(インバート桝)を経由して宅地内の公共桝に接続する設備です。排水管の勾配、桝の設置基準等は基本的に雨水と同じなので省略しますが、インバート桝には桝内の落差は不要です。

❶維持管理しやすい配管計画のポイント

　住宅性能評価の維持管理等級では、給排水管およびガス管について、点検や清掃・補修が容易にできるための対策について評価しています。最高ランクの等級3は長期優良住宅の認定条件でもあります。

　等級3の基準は「配管口及び点検口が設けられている等、維持管理を容易にすることに特に配慮した措置が講じられている」とされていますが、具体的には構造躯体や仕上げ材を傷めることなく点検、清掃、補修が容易にできるように次の対策をとることが必要です。

- **配管方法**:基礎の立ち上がり部分等の貫通部を除き、配管をコンクリート内に埋め込まないこと→ピット等を設置し配管することで対処(右図)
- **地中埋設管**:地中埋設管の上にコンクリート(外部の土間コンクリートを除く)を打設しないこと→さや管工法等で対処(右図)
- **排水管の清掃のための措置**:掃除口または清掃可能なトラップを設けることで対処
- **配管点検口の設置**:設備機器と配管の接合部、給排水管やガス管のバルブ及びヘッダー、排水管の掃除口に点検口を設置することで対処

❷その他のポイント

- **通気管の設置**

　通気管は排水の流れを円滑にする、トラップの封水を保護する、排水管路内を換気するために必要です。特に2階以上にトイレを設置する場合、排水管内で大きな圧力変動が起こる危険性があるため、必ず通気管を設置して下さい。

- **トイレ配管の注意事項**

　トイレの排水管は封水保護の観点から菅径75mmではなく100mmでの

施工を推奨します。また、トイレの排水にはトラップは使用しないでください。

- **二重トラップの禁止**

  排水管へ直結する器具には悪臭防止のため、器具トラップの設置を原則としますが、他のトラップの封水保護と汚水の流れを円滑にする目的から、二重トラップにならないように気を付けてください。

■ 維持管理を容易にするための配管方法

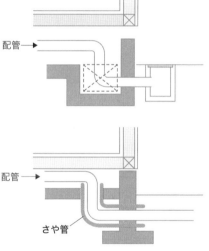

ピット設置
コンクリートへの埋め込みを避けるには、外周部にピット等を設置するのが有効である。

さや管工法
ピット等の設置が難しい場合で、やむを得ず配管をコンクリートに埋め込む場合は、さや管工法等で維持管理を容易にする必要がある。

（出典：ホームズ君　よくわかる木構造　https://jutaku.homeskun.com/legacy/kouzou/seino_hyoji/iji_kanri/index.html）

4 浄化槽設置の注意点

公共下水道が整備されていない地域では、汚水、雑排水を浄化槽で処理してから最寄りの雨水桝や道路側溝等へ排出します。その際は排水管の始点、浄化槽流入口と流出口の高さ、放流先の高さを確認し、滞りなく排水できるように、必要に応じて浄化槽の埋設深さを調整する必要があります。

❶種類と人槽の選定について

単独処理浄化槽は汚水しか処理できないことから、現在は雑排水も処理できる合併処理浄化槽（右図）の設置しか認められていません。

浄化槽の大きさは家族の数で決まるのでなく、住宅の広さで決まります。延べ床面積が $130m^2$ 未満の場合は 5 人槽、それ以上の場合は 7 人槽、2 世帯住宅でそれぞれにキッチン、浴室がある場合は 10 人槽の設置が必要です。

❷浄化槽の性能について

浄化槽には放流水質の技術基準として BOD（生物化学的酸素要求量）の除去率が 90％以上、放流水の BOD が 20mg/ℓ 以下の規定があります。下水処理場の二次処理と同程度の処理が可能です。

❸維持管理について

浄化槽管理者（戸建て住宅の場合はその所有者）には保守点検、清掃、法定検査の 3 つが義務付けられています。保守点検、清掃を専門業者に委託する場合はトラブル防止のために、点検や清掃にかかる 1 回あたりの費用とその内容、年間の実施回数を明確にしておきましょう。

法定検査には使用開始後 3〜8 か月に行われる 7 条検査、翌年から年 1 回行われる 11 条検査がありますが、法定検査は保守点検業者とは別に、都道府県知事の指定する指定検査機関が行うことになっています。

■ 合併処理浄化槽の仕組み

ブロワ(送風機)

流入 → ↓

放流 →

消毒槽

| 嫌気ろ床槽 | 嫌気ろ床槽 | 接触ばっ気槽 | 沈殿槽 |

固形塩素剤で
消毒します。

固形物を分離・貯留します。
また、嫌気性微生物[※1]により、
汚れ（有機物）を分解します。

好気性微生物[※2]によ
り、汚れ（有機物）
を分解します。

浮遊物を
除去します。

注）※1 嫌気性微生物：水中に酸素が溶け込んでいない状態で生育する微生物
　　※2 好気性微生物：水中に溶存酸素が存在する状態で生育する微生物

（出典：環境省　浄化槽サイト　https://www.env.go.jp/recycle/jokaso/data/manual/pdf_kanrisya/chpt3.pdf）

■ 駐車場仕様の例

（財）日本建築センターで強度評定を受けた浄化槽は、補強工事を省略できる場合
がある。

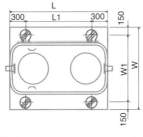

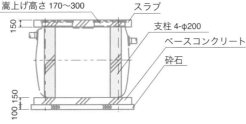

嵩上げ高さ 170〜300　　スラブ

支柱 4-φ200

ベースコンクリート

砕石

（出典：環境省　浄化槽サイト　https://www.env.go.jp/recycle/jokaso/data/manual/pdf_kanrisya/chpt3.pdf）

❹配置の注意点について

　浄化槽側面に住宅等の荷重がかからないように、建物や擁壁から離して設置しましょう。それが難しい場合は建物基礎を深基礎にする、浄化槽を擁壁等で保護するなど対策をしてください。また、美観上、アプローチなど目立つ場所には配置しないように計画しましょう。

　浄化槽の上を車が通る場合は、土間コンクリートを打設しその四隅を補強するなどの対策を実施しましょう。水位が高い場所や積雪が多いところに設置する場合は、浮き上がり防止や雪が積もらないような対策を講じましょう。

　浄化槽には、ブロワと呼ばれる浄化槽内の微生物への酸素供給のための装置が必要です。騒音、振動の原因となるので建物から 20cm 以上離れた、基礎と直接つながっていない位置へ設置しましょう。屋外防水コンセントの設置が必要です。

❺申請、補助金について

　浄化槽は設置する際だけでなく、廃止・変更の際も届け出が必要です。下水道区域外や、区域内であっても下水道整備に時間がかかるなどの地域で助成制度を設けている市町村が多くあります。申請手続きは、工事着工までに行う必要があります。

■ 浄化槽の設置例

建物から離して設置する例　建物に近接して設置する例

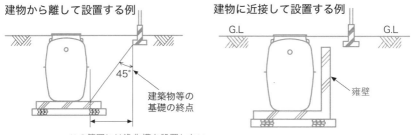

45°
建築物等の基礎の終点
この範囲には浄化槽を設置しない
雍壁

（出典：環境省　浄化槽サイト　https://www.env.go.jp/recycle/jokaso/data/manual/pdf_kanrisya/chpt3.pdf）

■ 水位が高い場所への設置例

地下水位が高い場合、浮力による浮上を防ぐための対策が必要。

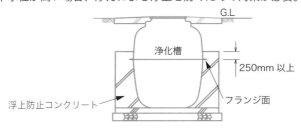

浄化槽
250mm 以上
浮上防止コンクリート
フランジ面

（出典：環境省　浄化槽サイト　https://www.env.go.jp/recycle/jokaso/data/manual/pdf_kanrisya/chpt3.pdf）

■ ブロワの設置例

保守点検がしやすく、軒下など直接雨がかからず、寝室、リビングなどの居室から離れた場所に設置するとよい。

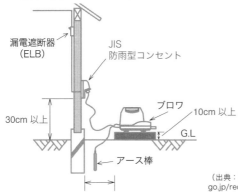

漏電遮断器（ELB）
JIS 防雨型コンセント
ブロワ
10cm 以上
30cm 以上
G.L
アース棒
20cm 以上

（出典：環境省　浄化槽サイト　https://www.env.go.jp/recycle/jokaso/data/manual/pdf_kanrisya/chpt3.pdf）

02　電気設備

　電気設備には、引込みポールなどを使って敷地や建物に電気を引き込み、分電盤まで配電する屋外電気設備と、分電盤から各設備機器や照明、コンセントに配電される屋内電気設備があります。

⌂ 1　屋外電気設備

■ 引込み方式と電力契約

❶引込み方式

　一般住宅の場合、電気は電柱の上にある変圧器で電圧を下げて敷地内に引き込む低圧引込みと呼ばれる方法で引き込み、電力量計を通って住宅内の分電盤に配電されます。

　敷地内への電気の引込み方法には、専用の引込み柱を立てて受電し、建物内まで地中配管で引き込む方法（右図）と、建物外壁から直接建物内へ引き込む方法があります。前者は道路から建物が離れている場合や、建物外観をスッキリと見せたい、外壁を傷めたくない場合などに用います。メーターの点検や検針も道路からたやすくでき、メンテナンス性もよいでしょう。

　ただし、引込み柱の費用が余分にかかる、狭小地の場合、駐車する際に引込み柱が邪魔になるなどのデメリットも考えられます。現在は、スマートメーターの普及で検針の必要性もなくなってきています。

❷配電方式

　引き込まれた電気の配電方式には単相3線式200/100Vと三相3線式200Vがあります。一般住宅では単相3線式200/100Vが主流で、2本の電圧線と1本の中性線を使い分けることで100Vと200Vを使いわけることができます。100Vは電灯やコンセント、200Vは200V用のエアコンなどに対応できます。

　大型機械や空調機などの動力機器を使用する場合は、三相3線式200Vで配電する必要があります。

❸電力契約

　電気の基本料金の設定は、電力自由化によって多種多様になってきました。最低料金制やアンペア制の他、基本料金がないプランを販売している新電力会社もあります。

　アンペア契約で基本料金が設定される場合、できるだけ低いアンペアで契約すればお得ですが、それ以上に使うとブレーカーが落ちてしまいます。冬に同時使用する電気の最大量から計算して 50A、オール電化住宅や 2 世帯住宅であれば 60A 以上での契約を推奨します。

■　引込み柱を利用した配管・配線の例

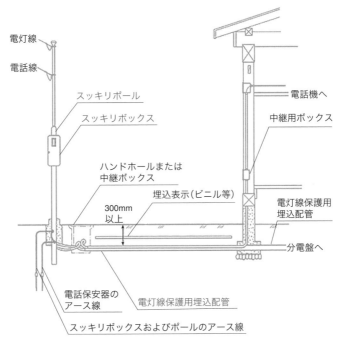

（出典：パナソニック株式会社　https://www2.panasonic.biz/ls/densetsu/haikan/sukkiripole/technique/operation.html）

② 地中埋設配管工事と電線の種類

引込み柱から電気を建物に引き込む際や、屋外灯への配線工事などの際に地中埋設配管工事が必要となります。その方式には直接埋設式、管路式、暗渠式がありますが、一般に住宅では管路式を用いて施工します（右図）。

❶地中埋設配管工事のポイント

管路式とは絶縁電線やケーブルを、可とう電線管と呼ばれる自在に曲がるフレキ管の一種の PF（プラスティック・フレキシブル）管で保護して埋設する方式です。管の中で電線の接続点を設けてはいけません。

同じ可とう電線管の CD（コンバインドダクト）管は、自己消火性がないので使用しないでください。自己消火性とは一度燃え始めてもしばらく時間が経つと消える性質のことです。

埋設深さは車両等の影響を受けにくい 0.3m 以上が目安です。

直接埋設式で施工する場合の埋設深さは、車両等の重量物の影響を受ける恐れがある場合は 1.2m 以上として、ケーブルを堅ろうなトラフ等の防護物に収めるなど細かな規定があるので注意して下さい。

❷電線の種類

絶縁電線とは導体を絶縁体で被覆しただけの電線で、その外側を保護外被覆（シース）したものがケーブルです（右図）。以下に主な電線の種類を記載します。

- **ビニルキャブタイヤケーブル**

  移動式の庭園灯やスポットライトの電源線として使用されます。直接、地中に埋めて使用したり、建物等に固定してはいけません。

- **VVF600V ビニル絶縁シースケーブル平形、VVR600V ビニル絶縁シースケーブル丸形**

  どちらも一般住宅の屋内配線材料として広く使用されます。VVF は電気配線の末端で使用され、VVR は幹線配線で使用されます。ケーブルの上部を板またはといで覆って保護する事で直接地中に埋設することができます。

- IV600V ビニル絶縁電線

　もっとも一般的な屋内配線用の絶縁電線です。地中埋設する場合は PF 管で保護して使用します。

- ビニルコードは、扇風機など移動用電気機器の電源線として使用します。

■　地中埋設配管方式の違い

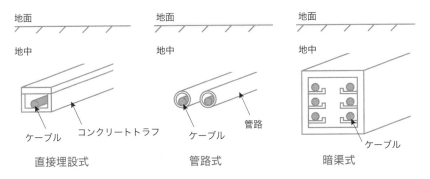

（出典：電気の資格とお勉強　https://eleking.net/k21/k21c/k21c-underground.html）

■　絶縁電線とケーブルの違い

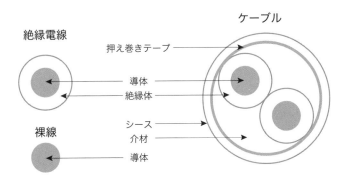

（出典：電材ネット　https://www.denzai-net.jp/technical/den_technical_d-05.html）

3 分電盤の選択

　分電盤には、家庭内の配線に電気を分配する、漏電を検知して電気を止める（漏電遮断器）、電気の契約容量や電線の許容電流を超えた場合に電気を止める（電流制限器、配線用遮断器）などの役割があり、それらの機能を箱の中に1つにまとめたものです。オール電化住宅や太陽光発電システムなどに対応できる専用の分電盤もあります。電力会社との間にアンペア契約が必要な場合は、リミッタースペース付きの分電盤を選択してください。

❶ 主幹容量の選定

　分電盤の主幹容量は住宅の床面積から算出します。一般に100m² 以下の住宅は50A、それを超える場合は60A と考えればよいでしょう。

❷回路数の選定

　分電盤の回路数は、床面積や階数に応じて算出される一般回路（コンセント用、照明用）と、容量の大きい家電製品用に設ける専用回路（コンセント用）、それに予備の回路を加算して算定します。

　一般回路（延べ床面積130m² の場合）は、コンセント用でキッチンに2回路、キッチン以外に5回路の計7回路。照明用は各階別の2～3回路。それらを合わせた10回路程度が標準的です。

　専用回路は、家電製品の容量が1KW 以上や200V 機器に必要です。具体的にはトイレ便座、エアコン、食器洗浄機、IH クッキングヒーター、電子レンジなどです。それに予備回路として2～4回路加えた数が分電盤に必要な専用回路数となります。

❸分電盤の設置場所

　漏電の危険性が高い湿気のある場所（洗面室、洗濯室等）や、玄関やリビングなど目立つ場所、障害物（荷物等）があって分電盤を操作できない場所は避けましょう。また、内部から施錠できるトイレも緊急時を考えると避けたほうがよいでしょう。設置高さは操作性を考慮して、分電盤下まで180cm 程度にしましょう。

主幹容量数（メインブレーカーの定格電流）の算定例

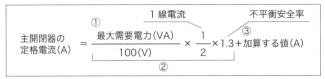

$$\text{主開閉器の定格電流(A)} = \frac{\text{最大需要電力(VA)}}{100(V)} \times \frac{1}{2} \times 1.3 + \text{加算する値(A)}$$

住宅面積（m²）	主開閉器の定格電流（A）	①最大需要電力（VA）	②1線当たりの電流×1.3（A）	③加算する値（A）
50m²（15 坪）以下	30	4000	26.0	0
70m²（20 坪）以下	40	5000	32.5	0
100m²（30 坪）以下	50	6000	39.0	5
130m²（40 坪）以下	60	7000	45.5	5
170m²（50 坪）以下	60	8000	52.0	5

（出典：河村電器産業株式会社　https://www.kawamura.co.jp/ebook/e_sk42/html5.html#page=447）

一般回路数の算定例

住宅面積（m²）	コンセント回路数		照明回路数	合計
	キッチン	キッチン以外		
50m²（15 坪）以下	2	2	1	5
70m²（20 坪）以下	2	3	2	7
100m²（30 坪）以下	2	4	2	8
130m²（40 坪）以下	2	5	3	10
170m²（50 坪）以下	2	7	4	13

（出典：河村電器産業株式会社　https://www.kawamura.co.jp/ebook/e_sk42/html5.html#page=447）

専用回路数の対象となる機器例

場所	機器	
リビング	エアコン	100V・200V
	床暖房	100V・200V
	電気カーペット	100V
ダイニング	ホットプレート	100V
	電磁調理器	100V
キッチン	IHヒーター	200V
	食器洗浄機	100V・200V
	電子レンジ	100V
	オーブントースター	100V
	炊飯器	100V
	電子ポット	100V

場所	機器	
寝室	エアコン	100V・200V
浴室	浴室換気乾燥暖房機	100V・200V
洗面所	洗濯乾燥機	100V・200V
	ドライヤー	100V
トイレ	暖房洗浄便座	100V
その他	電気温水器	200V

⌂2 電気に関する法律

電気に関する法律に電気安全3法とよばれるものがあります。

❶ 電気事業法

発電・供給する事業者が対象で、電気事業の適正な運営、公共の安全を確保し、環境を保全する目的があります。

❷ 電気用品保安法

電気用品を製造・販売する事業者が対象で、電気用品による危険や障害の発生防止が目的です。PSE（下記参照）の取得が義務づけられた対象製品において、PSE マークがないものについては、製造、輸入、販売ができず、違反した場合はメーカー、販売店ともに処罰の対象となります。

❸ 電気工事士法

電気工事を行う作業者の資格・業務が対象で、電気工事の欠陥による災害発生の防止が目的です。

電線同士を接続する作業、電線を配線器具に接続する作業、配線器具を造営材に固定する作業、電線管に電線を納める作業なども、電気工事士法において定められている電気工事士でなければ従事できない作業です。

接続端子のついた門柱灯などの照明器具の取り換えや、12V の照明器具の増設等は電気工事士法で電気工事から除かれる軽微な作業です。

■ PSE マーク

菱形の PSE マークは特定電気用品と呼ばれる、高危険度が予測され厳重に審査される電気製品 116 品目に使われます。丸形の PSE マーク4 はそれ以外の電化製品 341 品目に使われます。

■ 100V器具と12V器具の一般的な回路構成の比較

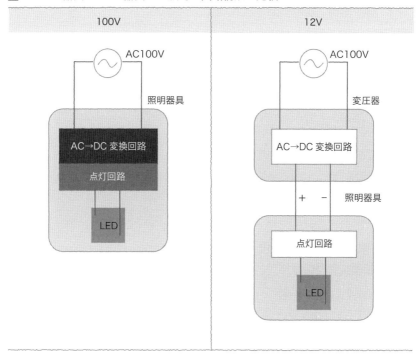

12V器具の主な特徴

- 変圧器が別置きなので、照明器具を小さくしやすい。
- 変圧器の容量、配線の長さを超えると暗くなったりちらつきの原因になる
- 変圧器と照明器具の接続に注意が必要（＋−の極性がある）
- 電気工事士の資格が必要ない

③ 屋内電気設備

　住宅の照明の基本的な役割は安全性、快適性、利便性の確保といえます。安全性は高齢者等の屋内生活や夜間、緊急時の移動に対応する明かりであること。快適性は、心身をリラックスさせる明かりであること。利便性は、視作業に対して無理のない明るさを与えることなどです。

　ここでは利便性確保に必要な明るさとして、JIS 照度基準と一般社団法人日本照明器具工業会の「住宅用カタログにおける適用畳数表示基準」について記します。

1 照明器具の光束と照度

❶ 光束と照度について

　照明計画を策定する際、その部屋に適した明るさを考慮して、照明器具を選定します。照明器具のカタログには、明るさに関する様々な情報が掲載されていますが、ここでは光束と照度の関係を整理します。

　光束とは、1 秒間に放出される光の量で、器具を選ぶ際の明るさの基準になります。単位はルーメン（lm）です。シャワーで例えると器具から出る水の総量です。メーカーによって表現は異なりますが、全光束（光源の明るさ）、器具光束（製品の明るさ）と分けて記載されている場合があります。

　例えば、全光束が 400lm で器具光束が 200lm の場合は、シェード等の影響で外に出る光の量が半減（器具効率 50％）する状況を示しています。

　照度とは、光を受ける面の明るさで単位はルクス（lx）です。シャワーに例えると単位面積当たりの水の量になります。単位面積当たりの光束を照度と呼びます（$lx = lm/m^2$）。

　JIS 照度基準（右上表）では住宅の各室に必要な照度を、そこで行われる行為別にまとめていますので、参考にしてみましょう。

❷ 適用畳数表示基準

　一般社団法人日本照明器具工業会では「住宅用カタログにおける適用畳数

表示基準」（下表）として部屋の広さと光束（lm）の関係を公開しています。この基準は天井高さ 2.4m で、部屋の中央に照明器具を 1 灯配置した場合に床面が一定の明るさを確保できるルーメンを表したもので、各器具メーカー

JIS 照度基準

照度 lx	居間	書斎	子供室勉強室	応接室(洋間)	座敷	食堂台所	寝室	家事室作業室	浴室脱衣室	便所	廊下階段	納戸物置	玄関(内側)	門、玄関(外側)	車庫	庭
2000																
1500	・手芸 ・裁縫							・手芸 ・裁縫 ・ミシン								
1000			・勉強 ・読書													
750		・勉強 ・読書						・工作					・鏡			
500	・読書 ・化粧*1					・食卓 ・調理台 ・流し台	・読書 ・化粧		・ひげそり*1 ・化粧*1 ・洗面							
300	・電話*4		・テーブル*2 ・ソファ ・飾りだな										・掃除 ・点検		
200	・団らん ・娯楽*3		・遊び	・座卓*2 ・床の間			・洗たく				・くつぬぎ ・飾り棚					
150																
100			・全般				・全般	・全般				・全般		・パーティ ・食事		
75		・全般			・全般				・全般							
50	・全般		・全般	・全般					・全般		・表札、門標 ・郵便受け ・押しボタン	・全般	テラス 全般			
30										・全般						
20						・全般										
10																
5												・通路	・通路			
2																
1						・深夜		・深夜	・深夜			・防犯	・防犯			

注 1 主として人物に対する鉛直面照度とする。

＊2 全般照明の照度に対して、局部的に数倍明るい場所を作ることにより、室内に明暗の変化を作り、平たんな照明にならないことを目的とする。

＊3 軽い読書は娯楽とみなす。

＊4 他の場所でもこれに準ずる。

備考 1．それぞれの場所の用途に応じて全般照明と局部照明を併用することが望ましい。

2．居間、応接室、寝室については調光を可能にすることが望ましい。

（出典：住宅 JIS Z9110 － 1979「照度基準」付表 7 － 1）

住宅用カタログにおける適用畳数表示基準

	照明器具全光束（定格光束）			
	2,000lm	3,000lm	4,000lm	5,000lm
～4.5畳	2,200 ～ 3,199			
～6畳	2,700 ～ 3,699			
～8畳		3,300 ～ 4,299		
～10畳		3,900 ～ 4,899		
～12畳			4,500 ～ 5,499	
～14畳				5,100 ～ 6,099

（出典：日本照明工業会 HP　https://www.jlma.or.jp/akari/led/ceiling.html）

はこれを基に畳数表示を行っています。

　これによると、8畳用の場合は3300～4300lmと幅を持たせています。同じ8畳でも使用する人の年齢が高く、その空間での行為がより細かくなるほど、光束が高い器具を選択するようにしましょう。

② ダウンライト配灯のポイント

❶ 60W、100W相当の器具の違い

　LEDダウンライトのカタログには定格（器具）光束、消費電力などと並んで60W相当、100W相当の表記があります。これは60W、100Wの白熱灯と同等の明るさという意味で記載されていますが、器具やメーカーの違いによって、同じ100W相当でもその明るさは大きく異なります。それは定格光束の違いによるものです。

　LEDダウンライトの明るさを選ぶ際は、W相当でなく定格光束を参考にする必要があります。

　前述した一般社団法人日本照明器具工業会の「住宅用カタログにおける適用畳数表示基準」によると、6畳用のLEDシーリングライトの全光束は2700～3700lmとなっていますので、1畳あたりに必要な光束は約450～610lmとなります。

　100W相当のLEDダウンライトの定格光束を700lm、60W相当の器具を420lmとした場合、100W相当の器具であれば4～5灯。60W相当の器具であれば7～9灯必要ということになります。ただし、同じ6畳でも空間形状はそれぞれ異なるので、その形状に適した数をレイアウトすることが必要です。

　100W相当の器具で配灯すると、器具数が少なく天井をスッキリと見せることができます。2階のトイレなど、あまり明るさが必要ない空間には60W相当の器具を用いるとよいでしょう。

❷ ダウンライト配灯の注意事項

- **配灯計画は天井伏せで考える**

  家具レイアウト（＝平面図）に合わせて配灯すると、天井面が美しく見えません。天井の芯を意識して配灯するとよいでしょう。

- **壁際に配置しない**

  壁際に配灯することで、照らす必要のないエアコンなどが照らされることがあるので注意しましょう。

- **中途半端な間隔で配灯しない**

  ダウンライトを集中配灯する場合、間隔を空けすぎると間が抜けて見えます。250mm 程度の間隔で配灯するのが美しく見せるコツです。

- **単独配灯しない**

  リビングなどの広い空間で、ダウンライトを単灯配置するのは見栄えが悪いのでやめましょう。テレビの上や、玄関ホールなどへの単独配灯は特に目立つので注意しましょう。

■ ダウンライトの配灯例（100W 相当器具）

60W 相当の器具で同じ照度を確保すると、器具数が 1.7 倍程度増える。

4.5 畳	6 畳	8 畳
2.73 m×2.73 m	3.64 m×2.73 m	3.64 m×3.64 m

■ エアコンが照らされている例

家具、カーテンが照らされている場合もある。部屋の 4 隅に配灯する場合は特に注意すること。

3 間接照明の設計・施工

❶ 間接照明とは

　照明器具から放射された光が、壁、天井、またはその両方を照らし、その反射光で空間全体を明るくする照明のことを間接照明といいます。光源を直接見せずに建築と一体化した明かりのことを建築化照明と呼ぶこともあります。

❷ 間接照明のメリット・デメリット

メリット

- 光源が直接見えないので、不快な眩しさを感じることが少ない。
- 天井（壁）面の入隅が見えないので、空間に広がりを感じる。
- 柔らかく温かみのある光と、グラデーションが落ち着きを感じさせる。

デメリット

- 折上げ天井や下がり天井、幕板等の施工にコストが掛かる。
- 細かい作業をする際は、別に照明が必要になる。照明器具数が増える。
- 納まりによっては、基準となる天井高さを上げる必要がある。

❸ 設計・施工の注意事項

- **カットオフラインが目立たないようにする**

　光源とその光が届く距離が離れているほど、光の境界線が自然なグラデーションに仕上がります。カットオフラインとは、光源と遮光部を結んだ直線のことをいいます。

- **光源を見せない**

　光源が直接見えないようにしましょう。リビングアクセス階段の昇降時などに、光源が見えてしまうことがありますが、その場合に幕板を高くして隠してしまうと、却ってカットオフラインが目立つようになるので注意が必要です。

- **メンテナンス性に配慮する**

　照明器具の交換や清掃などのメンテナンスが容易か確認しましょう。

■ 光源の見え方

間接照明の光源は天井が高いほど、人が壁に近づく
ほどよく見える。立位で問題なくても座位で見えや
すくなる納まりもある。

ただし、光源を隠しすぎると、光の伸びがなくなり
カットオフラインが目立ちやすくなる。またメンテ
ナンス性も悪くなるので、光源は日常の行為の範囲
で見えないように配慮するとよい。

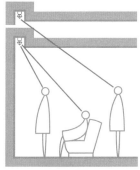

暗い・器具見えない ←————————→ 明るい・器具見える

（出典：大光電気株式会社　https://www2.lighting-daiko.co.jp/catalog/ebook/DAIKO_LIFE2018-2019/
HTML5/pc.html#/page/728）

カットオフラインについて

光源と照らされる面が近いと、カットオフラインがはっきりとした明暗差をもっ
て天井に現れる。光源と照らされる面が離れているほど明暗差が弱くなり、自然
なグラデーションになる。

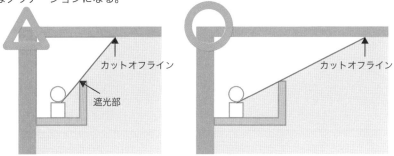

（出典：家づくり研究事務所　http://iedukuri.web.fc2.com/setubi/light_c.html）

❹ 間接照明の種類

　間接照明にはいろいろな手法がありますが、ここでは天井を照らすコーブ照明と、壁を照らすコーニス照明について説明します。

● コーブ照明

　上向きの光源で天井を照らす間接照明の手法です。器具を納める空間は、天井を上げるか下げるかで確保します。光の出る開口をなるべく広くする（200mm 以上推奨）と光のグラデーションが美しくなります。幕板を器具の高さと同じにすると、照明器具も見えなくてよいでしょう。

　他の照明器具やエアコンとの干渉、天井面を下げる際は建具、カーテンなどとの干渉に注意しましょう。

● コーニス照明

　下向きの光源で壁を照らす間接照明の手法です。器具を納める空間は、器具を納める部分の天井を折り上げるか、それ以外の部分の天井を下げるか、または幕板を付けて処理することになります。

　器具を納める空間は幅 250mm、高さ 150mm で、それに 100mm のアゴを付けて納めるのが一般的です。照明器具は見えない位置に配置しましょう。

　壁を照らす手法は他に、ベッドのヘッドボードやテレビボード、床面に仕込むなどして下から壁を照らす手法もあります。壁を横から照らすことも可能です。

■ コーブ照明の参考図

間接照明を設置する部分の天井を下げて納める方法が一般的。
光の出る開口（A）は広くとった方がよく、（B）は光源が見えないように器具と同じ高さにする。間接照明の下部に建具が納まる場合は、中途半端な隙間が出ないようにその高さ、幅に合わせて施工する。天井は光沢を抑えたマットな質感に仕上げる。

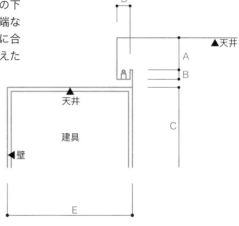

A ≧ 200mm 以上を推奨
B ＝器具高さ
C ＝建具高さと合わせる
D ＝ 80mm 程度
E ＝建具幅に合わせる

■ コーニス照明の参考図

間接照明を設置する部分を上げて納めるか、幕板を使って納める方法が一般的。
直接的に壁を照らす手法や、参考図のように天井内をリバウンドさせて壁を照らす手法などがある。天井と同様に壁も光沢を抑えたマットな質感に仕上げる。

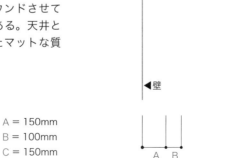

A ＝ 150mm
B ＝ 100mm
C ＝ 150mm

4 コンセント・スイッチ設置の注意点

新築時に失敗、後悔するポイントとして「スイッチ、コンセントの配置」がよく取り上げられます。プロに任せておけば大丈夫と自ら深く考えることなくお任せした結果、使いづらい、数が足りないといった不満が多くあるようです。以下にコンセント、スイッチ配置のポイントをまとめます。

❶ コンセント配置のポイント

● **使用する家電の高さにあわせる**

具体的には各空間の項で説明しますが、冷蔵庫、エアコン、洗濯機などは高さを間違うと使い勝手だけでなく見栄えも悪くなります。

● **危険な場所に設置しない**

家具や冷蔵庫の裏など抜き差ししにくい（＝清掃しにくい）場所に配置すると、埃がたまってトラッキング火災の原因になることもあります。水濡れの可能性のある場所への配置も厳禁です。

● **適切な種類を選ぶ**

エアコンの場合は 100、200V の別、家電用はアース付きや専用回路など、使用する家電等に適した種類を選択しましょう。

● **標準的な個数を設置する**

固定して使う家電用の他、持ち運びして使う家電用に 2 畳に 1 ヶ所の割合で、2 口コンセントを部屋の対角などにバランスを考えて配置しましょう。あらかじめ家具の配置を考慮しておく必要があります。

● **目立たせない**

玄関の正面など目立つ場所への配置は避けましょう。和室はベージュ、木調の壁にはブラウンなど壁と同系色のコンセントを選択しましょう。

● **高齢者にも使いやすいように**

コンセントの標準高さは FL＋250 ですが、特に高齢者用寝室などは、車いすでも抜き差ししやすい高さ（FL＋400）で計画しましょう。

コンセント設置高さの例

家電製品	推奨高さ（mm）		仕様			
			100V	200V	アース	専用回路
冷蔵庫	FL+1900	常に目視できる位置	●		●	
洗濯機（ドラム式）	FL+1100	洗濯機高さ +200 mm	●		●	●
洗濯機（全自動）	FL+1300	洗濯機高さ +200 mm	●		●	●
壁掛けエアコン	FL+1900	配線が短くおさまる位置	●	●	●	●
机（上）	FL+800	配線が邪魔になる場合がある	●			
机（下）	FL+250	机に配線孔が必要	●			
掃除機	FL+400	抜き差ししやすい高さ	●			
高齢者等	FL+400	車いすでも使える高さ	●			
標準的な高さ	FL+250		●			

トラッキング火災しくみ（通常のプラグの場合）

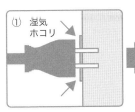

① 湿気 ホコリ

コンセントとプラグの間にホコリがたまり、ホコリが湿気を吸う。

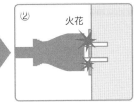

② 火花

ホコリと湿気によって、電極間で微小な放電が発生。

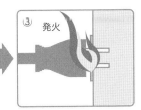

③ 発火

放電点が炭化し、電極間でショートすることで発熱し、発火。

❷スイッチ配置のポイント

- **人の動き（動線）に合わせて設置する**

   階段や、リビングなど出入口が複数ある部屋では3路または4路スイッチにして、行き先でも照明器具を操作できるようにしておきましょう。扉の吊元側など人の動きを妨げる位置には設置しないようにしましょう。

- **危険な場所に設置しない**

   階段などの段差がある場合は、その手前でスイッチを操作できるようにしないと危険です。

- **適切な種類を選ぶ**

   ホタルスイッチは、暗がりでもスイッチの場所がわかるように赤く点灯します。パイロットスイッチは屋根裏収納、門灯などの照明がついている場合に緑に光ることで消し忘れ防止につながります。

   トイレ、玄関、階段など比較的短時間滞在（通過）する空間は、人感センサー付きスイッチにしてスイッチ操作の手間を省くと便利です。

- **目立たせない**

   玄関の正面など目立つ場所への配置は避けましょう。コンセントと同様に壁と同系色のコンセントを選択すると、目立たなくてよいでしょう。

- **高齢者にも使いやすいように**

   スイッチの標準高さはFL＋1200ですが、特に高齢者用寝室や、トイレ、洗面、浴室などの水回り空間では車いすでも使用しやすい高さ（FL＋1000）で計画しましょう。

危険な配置例

階段照明の3路スイッチは、消す動作でなく点ける動作を重視して配置する。
Aは段差の近くでスイッチを操作する必要があるので危険。BよりCの位置で階段の照明が点灯した方が階段を降りる際に安全でよい。

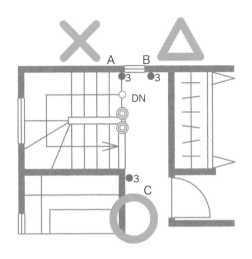

使い勝手が悪い例

それぞれの出入り口から使いやすい位置に3路スイッチが設置されている。一方は室外で一方は室内にあるため、脱衣中に誤って消される恐れがある。このような狭い空間では、出入り口が複数あってもスイッチは一つ（浴室入り口横★）で十分である。

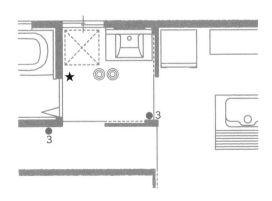

03 換気・冷暖房設備

⌂1 換気設備

1 シックハウス対策と 24 時間換気設備

● **シックハウス症候群とその対策**

　住宅の高気密化や化学物質を拡散する建材、内装材を使用することによる室内の空気汚染の影響で、居住者に様々な健康障害があらわれる状態をさします。

　その対策として、2003 年 7 月に施行されたシックハウス対策に係る法令等では防蟻材などに含まれるクロルピリホスと、建材の合成樹脂や接着剤に含まれるホルムアルデヒドの 2 つの化学物質が規制されました。具体的には、居室を有する建物に対してのクロルピリホスの使用禁止、ホルムアルデヒドを発散する内装仕上げの制限、常時換気できる設備（24 時間換気設備）の設置、天井裏などの制限が義務付けられました。

● **24 時間換気設備**

　窓を開け閉めして行う換気に頼るのではなく、機械によって強制的に行う換気システムのことを指します。JIS、JAS で F ☆☆☆☆と表示される、ホルムアルデヒド発散量が少ない建材しか使用しない場合でも、住宅の居室に必要な換気量は 0.5 回 /h 以上と規定されました。F ☆☆☆☆以外の建材を使用する場合はその建材の使用面積が制限されるなど、一層厳しい規制を受けることになります（右表）。

2 機械換気設備の形式

　機械換気には次の 3 種類があります。給気、排気のいずれか、またはその両方を機械で行う形式ですが、住宅においては主に第一種換気及び第三種換気が用いられます。

■ 常時換気設備の形式

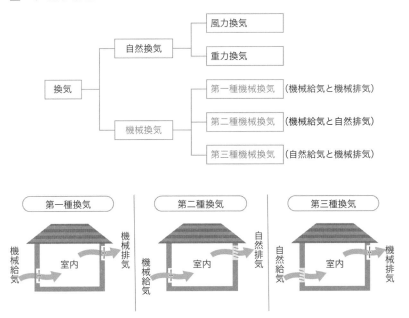

■ ホルムアルデヒド放射速度等による建材の区分

等級区分	法規制対象外	3種	2種	1種
表示方法	F ☆☆☆☆	F ☆☆☆	F ☆☆	
ホルムアルデヒド放射速度（μ g/m²h）	5以下	5～20	5～120	120以上
ホルムアルデヒド放散量（mg/l）	0.12以下	0.12～0.35	0.35～1.80	1.80以上
使用制限	無制限に使用可	床面積の2倍の面積まで使用可	床面積の0.3倍の面積まで使用可	使用禁止

（出典：大坂や商店 https://www.kk-osakaya.com/blog/ エフ・フォースターってなに？？F☆☆☆☆☆ってなに？？）

❶ 第一種換気

給気、排気ともに機械で強制的に行う方式

❷ 第二種換気

給気を機械で行い、排気は排気口から自然に行う方式

❸ 第三種換気

排気を機械で行い、給気は給気口から自然に行う方式

第一種換気は給気排気を共に機械で行うことから、より確実に換気することができ、システムに熱交換機能を含めると冷暖房効率も高くなります。ただし、天井裏や床下、PS などへの配管費や換気システムにかかる費用が高くつき、間取りに制限が出ることも考えられます。換気システムが複雑になる分、メンテナンス性も悪くなります。

第三種換気はダクトが必要なく、トイレ換気扇や浴室換気扇を 24 時間換気扇として活用できるなどコストが安くつき、メンテナンスも容易です。ただし、熱交換器の設置が難しいため、冷暖房の効率は悪くなります。

3 第三種換気設計のポイント

ここでは 24 時間換気システムの基本となる第三種換気の例と、設計上のポイントをまとめます。

❶給気口設置のポイント

各居室に給気口（100 Φ）を設置してください。LDK がワンルームの場合は LD の他、キッチンには差圧感応式の給気口（150 Φ）を設置するとよいでしょう（128 頁参照）。

設置場所は気流が気にならず、目立ちにくい位置がよいですが、家具の奥などメンテナンスできないような場所はやめましょう。また、室内からの見た目だけでなく、外観にも配慮して設置しましょう。

第三種換気システムの設計例

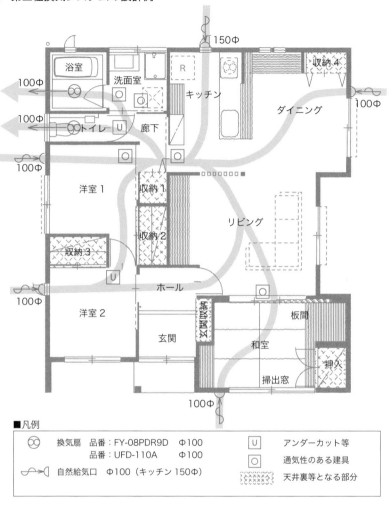

■凡例

⊗	換気扇　品番：FY-08PDR9D　Φ100	Ｕ	アンダーカット等
	品番：UFD-110A　　　Φ100	⊡	通気性のある建具
⌐◦⊐	自然給気口　Φ100（キッチン150Φ）	⊠	天井裏等となる部分

シックハウス規制対象建材の使用区分
・以下の内装仕上げは、すべてシックハウス規制対象（F ☆☆☆☆）の材料を使用する
　【天井・壁・床・内装建具・キッチン・洗面化粧台・カウンター】
・天井裏等は、すべて第三種建材を使用

❷ 換気扇設置のポイント

　居室だけでなく、換気経路となる廊下、トイレ、浴室なども含めた気積（床面積×天井高さ）を計算し、一時間当たりの換気量がその気積の50%以上ある換気扇を設置して下さい。

　気積を計算する際、換気経路外となる収納等は計算に含める必要はないのですが、それらも含めた安全側の面積（＝各階床面積の合計）で計算することをおすすめします。

　24時間換気システムの換気扇はトイレ、浴室（または洗面室）に設置するのが一般的です。合計の換気量が規定を満たすか確認しましょう。2階にトイレがないなどで換気量不足となる場合は、廊下やホールなどに換気扇を追加する必要があります。

　24時間換気システムの換気扇は、スイッチを設定しないか、スイッチにその旨を明記して誤って消すことのないようにしましょう。

❸ 換気経路と建具の関係

　換気経路上にある建具は通気が確保できる建具（アンダーカットまたはガラリ付きの開き戸、引戸、折戸、ふすま、障子）にして、空気の流れが滞らないようにしてください。また、居室に配置された給気口と出入口扉は離して配置するなどして、より効率的に換気できるようにしましょう。

■ 換気計算の例

機械換気設備計算表

部屋名	床面積 (m²)	平均天井高 (m)	気積 (m³)	換気種別	給気孔サイズ	排気量 (m³/h)	換気回数 (回)
玄関・ホール	6.40	2.5	16.00		—	—	
廊下	1.62	2.4	3.89		—	—	
和室	10.56	2.4	25.34		給気口 100 Φ	—	
LDK	34.79	2.4	83.50		給気口 100 Φ	—	
					給気口 150 Φ		
洋室 1	8.29	2.4	19.90	第三種 換気	給気口 100 Φ	—	
洋室 2	7.46	2.4	17.90		給気口 100 Φ	—	
トイレ	1.66	2.4	3.98		—	42.0	
洗面室	3.32	2.4	7.97		—	—	
浴室	3.32	2.4	7.97		—	60.0	
					—	—	
	77.42		186.45			102.00	0.54

0.54 ≧ 0.50　OK

換気扇性能表の例

仕様

定格	1 φ　100V	
機能	排気	
周波数（Hz）	50	60
消費電力（W）	2.4	2.7
電流（A）	0.033	0.035
風量（m³/h）	50	50
騒音（dB）	21	21
質量（kg）	0.67	
適用パイプ： 呼び径	φ 100	
電動機形式	2 極開放形コンデンサー誘 導電動機	
定格時間	連続	
絶縁階級	E 種	
巻線温度上昇	75K 以下	
基準周囲温度	-10 ～ 40℃	
絶縁抵抗	1M Ω以上（d.c.500V）	
絶縁耐力	a.c.1000V　1 分間	

測定数値は静圧 0 Pa におけるものです。
測定は日本工業規格（JIS C9603）の方法によるも
のです。
（出典：Panasonic「FY-08PDR9D 品番詳細」https://
www2.panasonic.biz/ls/）

静圧 風量特性曲線

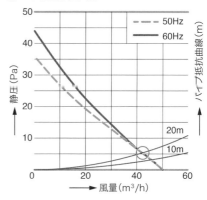

屋外フード及びダクトの圧力損失を
5.0Pa とすればグラフから約 42m³/h
の排気風量となる。

⌂2 冷暖房設備

　エアコンの種類には壁掛けタイプ、天井埋め込みタイプ(天井カセット型)、床置きタイプ、ビルトインタイプがあります。

　天井カセット型エアコンは、壁掛けエアコンに比べると商品の選択肢が少ない、機能性に劣る、照明の配置が難しい、価格が高い、メンテナンスに手間や費用が掛かるなどのデメリットがあります。床置きタイプも同様の理由があって、一般家庭では壁掛けエアコンが最もよく用いられています。和室ではビルトインタイプが多く用いられますが、それについては154頁を参照してください。

■1■ 壁掛けエアコン設置の注意点

❶空調効率のよい場所に設置する

　部屋全体に風が行き渡りやすいように、なるべく部屋の短辺に設置するとよいでしょう。寝室に設置する際は、就寝中に直接風が当たらないような配慮も必要です。詳しくは146頁を参照してください。

❷室内機を目立たせない

　アクセントとなるような壁紙(色、柄)を貼った場所に、エアコンが設置されることでインテリアが台無しになる例があります。エアコンの配置と壁紙の種類を別々の打ち合わせ日程で決める場合は特に注意しましょう。

❸コードは短くスッキリと

　室内機からコンセントが離れていると、配線コードが長く垂れ下がるなど、みっともない印象を与えます。コンセントの位置は、室内機の位置とサイズを考慮して決めましょう。

■ エアコンコンセント配置のポイント

エアコンのコンセントは、配線コードが短くおさまる目立ちにくい場所に設置するとよい。埃がたまるとトラッキング火災の恐れがあるので、メンテナンスのしやすさにも配慮する。

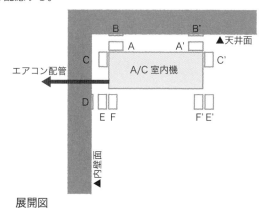

展開図

設置場所別の評価

設置場所	コンセント・配線の目立ちにくさ	メンテナンス性	エアコン設置のポイント
A	◎	×	天井の隙間100 mm必要
A'	○	△	天井の隙間100 mm必要
B	◎	×	−
B'	○	△	−
C	○	○	壁の隙間100 mm必要
C'	△	○	エアコン幅に制限がある
D	△	◎	配管との干渉に注意
E	△	◎	−
E'	△	◎	−
F	△	◎	エアコン高さに制限がある
F'	△	◎	エアコン高さに制限がある

いずれも一長一短あるが、A～Fの範囲であればよい。
エアコンから極端に離れた位置には設置しないこと。

室内機は天井から 5 〜 10cm 以上、左右の壁まで 5cm 以上離して設置する必要があります。一般的な室内機のサイズは幅 80cm、高さ 30cm 以下なので、天井から約 40cm 下がりがエアコンの下端になります。

❹適合するコンセントを設置する

6 畳、8 畳用に多く用いられるエアコンの大半は 100V 仕様ですが、リビングなど概ね 14 畳用以上の空間で使うエアコンは 200V 仕様です。エアコン設置の際は、コンセントがエアコンの仕様に適合しているか確認しましょう。

❺室外機は効率と見栄えも考慮する

室外機は前面 20cm 以上、後方 5cm 以上、左右は 10cm 以上（配管がある側は 30cm 以上）の空間をあけて設置する必要があります。機能的には室内機との距離が近い方がよいとされますが、見栄えを考慮してファサードに室外機を配置するのは避けましょう。2 階に設置する際は、配管のルートにも注意が必要です。

❻他の部材と干渉しないか

室内機の厚みは 25cm 程度です。折戸と近接すると扉が全開できない場合があります。また、窓に近接するとカーテンのたまりやカーテンレールと干渉する場合があるので注意してください。

ダウンライトを設置する際は、室内機の上面を照らすことのないように気を付けましょう（33 頁参照）。

■ エアコンの配置に注意が必要な例

主寝室の室外機はファサードから外れるが、子供室の室外機はファサードに設置される恐れがある。バルコニー（サービスバルコニー）を設けて室外機の設置場所を確保すること。

2階平面図

配管、室外機の配置が建物正面になる
（から見える）可能性が高い

天井の高さにもよるが、一般にエアコンはサッシの上には納まらない。
サッシの横に設置する際は、カーテンレール（サッシの幅より長い）との取り合いに注意すること。折戸は天井までの高さのものが多いので、開けた際にエアコンと干渉する恐れがある。その場合は開き戸にするなどして、建具の高さを抑えるとよい。

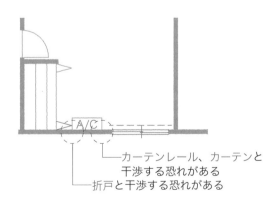

カーテンレール、カーテンと
干渉する恐れがある
折戸と干渉する恐れがある

2 床暖房設備の種類と特徴

　住宅の主な暖房設備はエアコンの他にも、床暖房や蓄熱暖房器、FF式ストーブ、薪ストーブなどがありますが、ここでは最も装着率の高い床暖房についてまとめます。

　床暖房はエアコンのように、温めた空気の流れで室内を温める暖房器具とは違って、床から直接伝わる伝導熱と、床から全体に広がる輻射熱の組み合わせで室内を温めます。部屋が乾燥することもなく、埃や臭いも発生しない理想的な暖房設備で、部屋面積の70％以上敷設すれば、主暖房として利用できるとされます。

　床暖房は電気タイプと温水タイプに大別され、電気タイプはさらに蓄熱式、PTCヒーター式、電熱線式に分かれます。

❶電気タイプ

　蓄熱式は深夜電力を利用してヒーターを温め、蓄熱材にため込んだ熱を日中利用する方式です。ランニングコストは安く済みますが初期費用は高く、リフォームで設置するには難しい設備です。

　PTCヒーター式には自動温度調節機能があり、日が差し込むなどで床面の一部の表面温度が上昇した場合、その部分の発熱を抑えることができるなど省エネ性能の高い設備です。リフォームにも適しています。

　電熱線式はホットカーペットのようなイメージです。初期費用が安く施工も簡単です。狭い面積でも使いやすいのですが、ランニングコストは他に比べて割高になります。

❷温水タイプ

　温水タイプには電気式とガス式があります。電気式がヒートポンプを熱源とするのに対して、ガス式は床暖房対応型の給湯器やエネファームを熱源とします。特にガス式は立ち上がりが早く、床面温度にもムラがないなど快適性が高く評価されていますが、狭い面積では使いにくく、熱源機や温水パネルの施工にコストがかかるなど初期費用が高くなるのがデメリットです。

❸ハイブリッドタイプ

ガスと電気の良いところを使った床暖房は、初期費用は高くなりますが、立ち上がりの早さとランニングコストの安さが特徴です。

住宅に床暖房が普及しはじめた当時は、オール電化住宅の場合は電気式床暖房（電熱線式）、ガス併用住宅の場合は床暖房対応型の給湯器を使った温水式床暖房しか選択肢がありませんでしたが、今は多様なシステムが提供されています。敷設する場所と面積、予算、それぞれのシステムのメリット・デメリットをよく理解した上で、生活スタイルにマッチしたベストな組み合わせを選びましょう。

■ 床暖房比較表

	電気タイプ床暖房			温水タイプ床暖房		ハイブリッド式床暖房
	蓄熱式	PTCヒーター式	電気線式	電気式	ガス式	
初期費用	×	○	◎	△	○	×
ランニングコスト	◎	○	×	○	△	◎
立ち上がり時間	○	△	△	×	○	◎
部分暖房	×	◎	◎	×	×	×
広い面積の暖房	◎	×	×	◎	◎	◎
快適性（温度ムラなど）	○	×	×	◎	◎	◎
危険性（低温火傷）	×	○	×	◎	◎	◎

04 防災・防犯設備

⓵ 防災設備

1 建物火災の現状

　令和元年度版消防白書によると、平成30年に発生した、建物火災の出火件数に占める住宅の割合は約53％。そのうちの約65％が一戸建ての住宅で、全体の約35％を占めます。

　出火原因は多岐にわたりますが、最も多いのがたばこで、次いでストーブ、電気器具、コンロの順となっています。

　出火原因の上位を占めるコンロ火災は、約半数が消し忘れによるもので、その多くがガスコンロで発生しています。コンロは性能が向上しIHヒーターが普及しました。ストーブも同様に安全性が増し、エアコンが普及しています。たばこは喫煙者が減り電子タバコが普及するなど、それらを起因とする火災は減少すると思いがちですが、高齢化社会がますます進む中にあっては安心できません。

2 火災警報装置の設置

　2006年6月から住宅においても火災警報装置の設置が義務付けられるようになりました。死に至った約半数が逃げ遅れということもあり、火災警報装置は火災による煙を感知して早期に気付かせる重要な機能を備えています。

- 設置状況

　令和元年の消防庁の調査によると、1ヶ所以上の警報器が設置されている住戸の割合は、設置が義務付けられている住宅全体の82.3％で、市町村の条例で義務付けられた設置基準を満たしている割合は67.9％となっています。

- 住宅性能評価　感知警報装置設置等級

　等級1～4で評価されます。等級1は消防法に定める基準で、全ての寝室と寝室がある階の階段への設置が必要です。等級2は等級1の基準に

■ 建物火災の主な出火原因

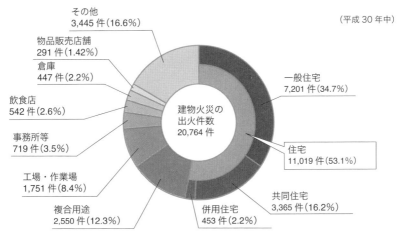

その他
3,445 件(16.6%)

物品販売店舗
291 件(1.42%)

倉庫
447 件(2.2%)

飲食店
542 件(2.6%)

事務所等
719 件(3.5%)

工場・作業場
1,751 件(8.4%)

複合用途
2,550 件(12.3%)

（平成 30 年中）

建物火災の
出火件数
20,764 件

一般住宅
7,201 件(34.7%)

住宅
11,019 件(53.1%)

共同住宅
3,365 件(16.2%)

併用住宅
453 件(2.2%)

（備考）1「火災報告」により作成
2 共同住宅、工場・作業場、事務所等、倉庫、
飲食店及び物品販売店舗の区分は、消防法施行令別表第一による区分。

（出典：令和元年度版消防白書　83 頁）

■ 建物火災の火元建物用途別の状況

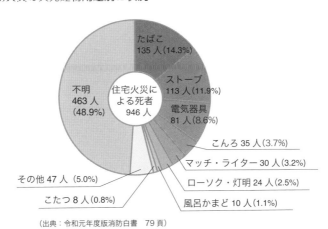

不明
463 人
(48.9%)

住宅火災に
よる死者
946 人

たばこ
135 人(14.3%)

ストーブ
113 人(11.9%)

電気器具
81 人(8.6%)

こんろ 35 人(3.7%)

マッチ・ライター 30 人(3.2%)

ローソク・灯明 24 人(2.5%)

風呂かまど 10 人(1.1%)

その他 47 人（5.0%)

こたつ 8 人(0.8%)

（出典：令和元年度版消防白書　79 頁）

台所を加えた場所、等級3はさらにリビング、客間などの居室を加えた場所への設置が必要です。等級4は等級3と設置場所はかわりませんが、全ての機器が連動することが必要になります。火災による煙を感知して早期に気付かせるという観点から、等級4の基準で設置することが望まれます。

取付け位置は、天井に設置する場合は壁や梁から警報器中心まで0.6m以上、エアコンなどの吹き出し口からは1.5m以上離してください。壁に設置する場合は天井面から0.15m～0.5m以内に設置して下さい。

警報器の種別は煙式と熱式があります。階段は煙式でそれ以外はどちらでも選べますが、一般に台所は熱式、寝室、居室は煙式が選ばれます。

いずれの基準も、市町村条例によって異なりますので、設置の際は必ず確認してから設置しましょう。

2 防犯設備

1 住宅への侵入窃盗と防犯環境設計

警視庁の「平成30年中の住宅対象侵入窃盗の発生状況」によると侵入窃盗の発生場所は住宅が最も多く、全体の約50%を占めます。

侵入口は窓が約57%で、玄関などの出入り口が約43%です。空き巣の侵入手段の50%以上がガラス破りで、居空きや忍び込みの場合は、大半が無締りの開口部からの侵入です。

侵入されにくく、狙われにくい家にするための考え方として防犯環境設計があり、それは対象物の強化、接近の制御、監視性の強化、領域性の確保の4つの原則で構成されます。ここでは対象物の強化について考えます。

■ 住宅性能評価　感知警報装置設置等級

電池式の場合は電源が不要。電池の寿命が近づくと電池切れ警報音が鳴る。
機器本体の寿命は 10 年が目安。

感知警報装置設置例 （自住戸火災時）	設置例（2 階建ての場合）	
等級 **4**	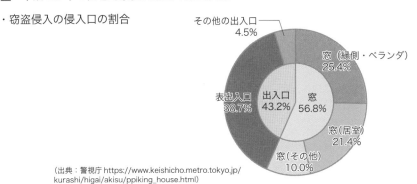	住戸内全域への警報が必要なため、AC100V 式連動型または電池式ワイヤレス連動型を設置。 ●台所には「熱」を設置した例にしています。
等級 **3**		寝室、階段、居室に「けむり当番」、台所に「ねつ当番」を設置。 ●台所には「熱」を設置した例にしています。
等級 **2**		寝室、階段に「けむり当番」、台所に「ねつ当番」を設置。 ●台所には「熱」を設置した例にしています。
等級 **1** （消防法が定める最低限の設置の基準によって住宅用火災警報器を設置した場合）		寝室、階段に「けむり当番」を設置。

■ 消防法により設置が必要な場所

（出典：パナソニック株式会社 https://jpn.faq.panasonic.com/app/answers/detail/a_id/85441）

■ 平成 30 年の住宅対象侵入窃盗の発生状況

・窃盗侵入の侵入口の割合

その他の出入口
4.5%

窓（縁側・ベランダ）
25.4%

表出入口
38.7%

出入口
43.2%

窓
56.8%

窓（居室）
21.4%

窓（その他）
10.0%

（出典：警視庁 https://www.keishicho.metro.tokyo.jp/
kurashi/higai/akisu/ppiking_house.html）

2 出入口となる開口部（窓・扉）の強化

　住宅の品質確保の促進等に関する法律（品確法）の開口部の侵入防止対策では、開口部が持つべき性能として「5分以上侵入を防止」「打撃回数7回を超えて侵入を防止」と定めています。

　警察庁のデータによると、侵入に要する時間が5分以上になると、約70％の侵入者が犯行をあきらめるとされており、品確法の基準はこのデータが根拠にあります。

● CP認定建物部品

　対象物の強化方法として、最もわかりやすいのはCP（Crime Prevention）マーク付きの建物部品を採用することでしょう。CPマークとは官民合同会議で制定された防犯性能の高い建物部品にのみ付される標章で、5分以上侵入を阻止できることなどを基準に厳しい防犯性能試験をクリアした部品である証です。部品目録は公益財団法人全国防犯協会連合会のHPに掲載されています。

　開口部はサッシ、ガラスそれぞれにCPマークが付いたものを使う必要があります。サッシは、ロック付きクレセントと補助錠を備えていることなどが条件です。窓面格子やシャッターにもCP部材があるので併用するとさらに安心です。玄関ドアは2ロックで、うち一つが鎌錠であるなどの条件があります。

● 対象外となる開口部

　品確法においては400mm×250mmの長方形、400mm×300mmの楕円、直径350mmの円が通過しない大きさの開口部は、人が侵入できないとされています。それらのサイズ以下のサッシを用いるのも効果的でしょう。

■ 空き巣の侵入手段

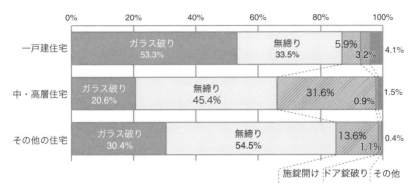

■ 忍び込みの侵入手段

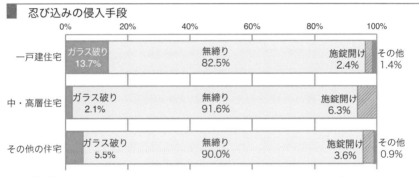

（出典：警視庁　https://www.keishicho.metro.tokyo.jp/kurashi/higai/akisu/ppiking_house.html）

■ 防犯環境設計における4つの要素

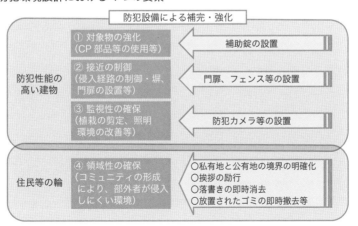

（出典：警視庁　https://www.keishicho.metro.tokyo.jp/kurashi/higai/akisu/taisaku1.html

3 ホームセキュリティ

　開口部を強化しても閉め忘れや施錠忘れがあっては意味がありません。留守中にガラスを破られ侵入される可能性もあるので、ホームセキュリティの導入を検討するとさらに安心です。

　ホームセキュリティでは、扉や窓につけたセンサーが反応することで、閉め忘れを防止する機能もあります。また、廊下等に設置した人感センサーが侵入者を感知し、侵入者に対して音や光で威嚇する機能もあります。いずれの場合も異常を感知した際には、最寄りの警備員が現場に駆け付けるシステムなので、特に高齢者等の住まいには安心です。

4 その他の設備

　防犯設備としては他に、テレビドアホン、防犯カメラ、センサーライトなどがあり、テレビドアホンには録画機能や、電気錠連動、ボイスチェンジャー等の防犯機能が装備されているものが多くあります。

　それらを単独で機能させるのでなく、ホームセキュリティやスマートフォン等と連動させることで、より安心な設備になります。

■ 人が侵入できないとされる開口部の基準

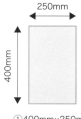

①400mm×250mm
の長方形

②400mm×300mm
の楕円形

③直径が350mm
の円

■ CPマーク

（出典：警視庁 https://www.
npa.go.jp/safetylife/seianki26/
theme_b/b_c_2.html）

■ 開口部の侵入防止対策

住戸の出入口の存する階以外の階
●b 地面から開口部の下端までの高さが２ｍ以下、又は、
バルコニー等が開口部の下端までの高さが２ｍ以下であっ
て、かつ、バルコニー等から当該開口部までの水平距離が
0.6ｍ以下であるもの。（ａに該当するものを除く。）

●評価対象外（開口部の
規模が一定以下）

〔住戸の出入口の存する
階以外の階〕
●ｂ ａに掲げるもの以
外のもの

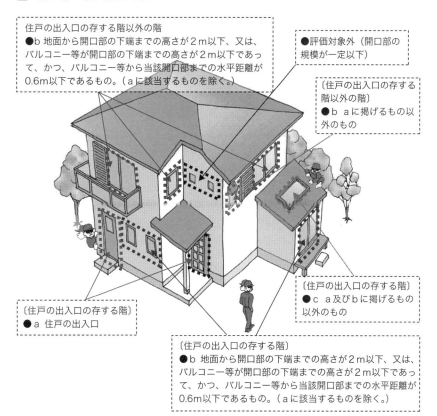

〔住戸の出入口の存する階〕
●ｃ ａ及びｂに掲げるもの
以外のもの

〔住戸の出入口の存する階〕
●ａ 住戸の出入口

〔住戸の出入口の存する階〕
●b 地面から開口部の下端までの高さが２ｍ以下、又は、
バルコニー等が開口部の下端までの高さが２ｍ以下であっ
て、かつ、バルコニー等から当該開口部までの水平距離が
0.6ｍ以下であるもの。（ａに該当するものを除く。）

（出典：住宅性能評価・表示協会 https://www.hyoukakyoukai.or.jp/seido/kizon/10-10.html）

05 省エネ・創エネ設備

東日本大震災以降、日本のエネルギー需給率は 6％に落ち込みました。国はそれを 2030 年までに、大震災前のレベル（20％）をさらに上回る 25％にする目標を立てています。エネルギー需給率向上のポイントとなる、国が推進する ZEH と HEMS についてまとめます。

1 ZEH 消費エネルギーをゼロにする家

新築住宅におけるエネルギー需給率向上の対策は、2030 年に新築住宅の平均で ZEH（ゼッチ）を実現することです。ZEH とは Net Zero Energy House（ネット・ゼロ・エネルギー・ハウス）の略で、家庭での年間エネルギー消費をほぼゼロにする住宅のことです。ZEH は住宅に装備された、創エネと呼ばれる太陽光発電やエネファームなどの燃料電池で創ったエネルギーより、使うエネルギーを少なくすることで実現できます。

創エネ設備の普及率を上げることは当然ですが、ZEH 実現のポイントはエネルギーの節約（省エネ、節エネ）にもあります。

2 HEMS エネルギーを見える化。スマホ連携でさらに安心・便利に

ZEH 実現には、家の断熱性能や設備機器の省エネ性能を強化することはもちろん、使用するエネルギーを見える化し、管理しやすくする必要があります。HEMS（ヘムズ）はその核となる設備で、Home Energy Management System（ホーム・エネルギー・マネジメント・システム）の略です。

HEMS を導入すると家庭内のエネルギー使用状況（電気・水道・ガス）、発電量（太陽光発電・燃料電池）、充電量（蓄電池・電気自動車等）がタブレット端末などのモニターで都度確認することができるようになります。

今までは月単位でしか把握できなかったエネルギーの使用量が、部屋単位、設備機器単位で把握できるようになります。太陽光発電量などの創エネ設備の効果も同様に確認できるので、それらのデータを活用することでエネルギーの節約につながることが期待できます。

　HEMSのシステムをさらに発展させて、エネルギーを制御することもできます。例えば、あらかじめ設定しておいた電気使用量を過ぎると、照明やエアコンが自動的に節電モードで運転させることもできるようになります。

　HEMSは単に省エネのための設備ではなく、専用のアプリやスマートフォンと組み合わせることで、外出先から家の施錠を確認し、帰宅に合わせてエアコンをつけ、お湯張りができるなど安全、安心で便利な機能も併せ持つツールです。

■ ZEH のイメージ

ZEH 実現のポイント：高断熱＋省エネ＋創エネ＝ゼロエネルギーハウス

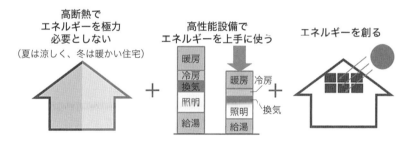

ZEH の例　　　　　　　　　　　　HEMS の例

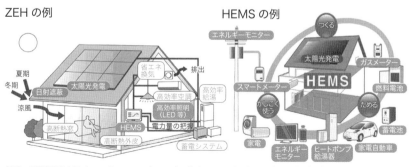

（出典：経済産業省 HP　https://www.enecho.meti.go.jp/category/saving_and_new/saving/general/housing/index03.html)

06 ガス・給湯設備

ガスには都市ガスとプロパンガス（LP ガス）の 2 種類があります。建物の計画地がどちらのエリアなのか、また、都市ガスの場合は 13A などガスの種類を知っておくことが必要です。

⬆1 ガス設備

1 都市ガス

都市ガスは、主成分がメタンで液化天然ガスを主な原料としており、道路に埋設されたガス本管からガスメーターを経て各住戸に引き込まれます。

主要な都市ガスは 12A、13A と呼ばれるガスの種類で、それ以外にも 6A、5C などの熱量の異なるガスの種類もありますが、今ではより熱量の高い 13A が大半を占めています。

2 LP ガス

LP ガスは、主成分がプロパンやブタンで、液化石油ガスを原料としており、住戸ごとにガスボンベを設置しガスメーターを経て供給されます。

LP ガスは都市ガスの 2 倍以上の熱量があり、空気より重い特徴があります。ガス漏れ警報器の設置高さが、空気より軽い都市ガスは高い位置に、LP ガスは低い位置にあるのはそうした理由からです。

4 人家族（関東地方）のガス使用量は夏期で 12m³/ 月、冬期で 24m³/ 月、年平均で 18m³/ 月程度とされます。20kg ボンベの容積は約 10m³ ですので月に 2 本程度使用する計算になります。その設置場所は部外者が立ち入りにくく、交換作業に無理のない、段差がない場所が望まれます。直射日光を避け、火気までの距離を 2m 以上確保するなどの規定もあります。

LP ガスは都市ガスに比べて割高です。ガス本管が近くにあれば、LP ガスから都市ガスへ変更することは比較的容易ですが、近くにない場合はガス本管の延長が必要になるなど工事費が高くなるので、ガス会社や LP ガスを使

用している近隣住民と費用面の負担などを協議してみましょう。

3 使用機器の制限

　ガスコンロなどのガス使用機器には、使用できるガスの種類を明示したラベルが貼ってあります。都市ガス 13A と 12A では同じ機器が使えますが、LP ガスや 6A、5C など熱量の異なるガスで使用すると、火災や不完全燃焼を起こす場合があるので、絶対に使用しないようにしましょう。

都市ガスの種類と主なガス供給会社

ガス種	ガス会社等
13A・12A	東京ガス、大阪ガス、東邦ガス、京葉ガス、西部ガス、北陸ガスなど
6A	十和田ガス、相馬ガスなど
5C	水島ガスなど
L1（6B、6C）	釧路ガス、弘前ガスなど
L2（5A、5B、5AN）	長万部町、松山市、能代市など
L3（4A、4B、4C）	旭川ガス、青森ガスなど

ガス機器のラベルの例

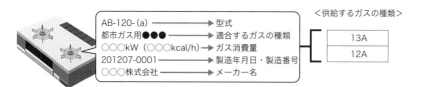

（出典：日本ガス協会　https://www.gas.or.jp/a）

⌂2 給湯設備

　給湯設備とは、キッチンや浴槽の他、温水式床暖房システムなどへ加熱した水を供給する設備です。給湯工事は給水工事と同じくヘッダー配管工法が主流で、給湯機で加熱された水は給湯用のヘッダーを経由してキッチン、浴槽などに送られます。詳しくは 10 頁を参照してください。

　家庭用給湯器の熱源はガス、電気、それら両方を使うハイブリッド型に分けられます。

1 ガス

　ガス給湯器はガスを燃焼して水を加熱する最も一般的な給湯システムで、代表的なものに高効率ガス給湯器のエコジョーズがあります。メリットは機器が安価で省スペースであること、上限なくお湯が利用できることですが、光熱費はエコキュートより割高になる傾向があるようです。

　家庭用燃料電池コージェネレーションシステムのエネファームは、ガスに含まれる水素と空気中の酸素を化学反応させて電気を作り、この時発生する熱で無駄なくお湯を沸かすシステムです。エネルギー利用率は 100% に近づいています。家庭用ガスコージェネレーションシステムのエコウィルは 2017 年 9 月に販売を終了しています。

2 電気

　一般の電気温水器は電熱ヒーターで水を加熱しますが、エコキュートは大気熱を利用しヒートポンプで沸き上げるシステムです。どちらも安い夜間電力を使用します。初期費用はエコキュートの方が高くつきますが、電気代は約 1/4 と安く、自治体などの補助が受けられることもあって、エコキュートが電気温水器の主流となっています。

　初期のシステムにあった湯切れ問題は解消されたようですが、ガス給湯器

と比べると導入コストが高く、貯湯タンクがかさばることがデメリットです。

3 ガス＋電気（ハイブリッド型）

　ガスと電気を組み合わせたハイブリッド型の給湯器は、パワフルでスピーディーなエコジョーズと、高効率で経済的なヒートポンプを組み合わせたもので、タンクが小さくてコンパクトに納まるメリットがあります。

　初期費用が高くつきますが、ガス消費量はエコジョーズより85％、電気消費量はエコキュートより45％も省エネとされるなど、ランニングコストが安くおさまります。

■ エネファーム

2008年の発売開始時から、企業などに関係なく商品名をエネファームに統一。2020年現在、パナソニックとアイシン精機（大阪ガス、京セラ、トヨタ自動車との共同開発）の2社が製造している。

■ ハイブリッド型給湯システム

2020年現在、リンナイ（ECO ONE）とノーリツ（ココア HYBRID）が製造している。

（出典：パナソニック株式会社　https://news.panasonic.com/jp/press/data/2019/02/jn190222-1/jn190222-1.pdf）

（出典：リンナイ株式会社　https://rinnai.jp/ecoone/）

column

打ち合わせをイベント化して効率化する

　新築住宅の契約時には、ビルトイン食洗器の有無、トイレ手洗い器の有無など、主要装備の仕様は決まっていても、キッチン扉の面材や浴槽やクロスの色柄など、比較的価格が変動しない仕様は決まっていない場合が大半です。スイッチやコンセントも契約時は個数だけが決まっていて、配置までは決まっていない場合もあると思います。

　契約後に行う、より詳細な打ち合わせを「仕様確認」「仕様決め」「仕様調整」などと呼び、営業、設計、インテリア担当なども立ち合って集中的に実施します。着工、お引き渡しのスケジュールが決まっている中で、ある時には間取りの見直しも必要になるかもしれないその業務の方が、受注に向けた業務よりも設計者にとっては難しく責任あるものかも知れません。

　土日祝は新規の集客も多く、打ち合わせも集中することから、平日に打ち合わせすることをおすすめします。お客様のご都合もあって難しい場合が多いのですが、お子様連れで来店されると時間が持たず、打ち合わせの回数ばかりが増えることで精度が悪くなり、たとえ議事録があったとしても記憶違いが発生する可能性も高くなります。

　装備、仕様の最終確認の場として、ご夫婦揃って休暇をとってもらい朝から夕方までみっちりと。スタッフとともに少し豪華なランチタイムを設定して、休憩時にはスイーツをサービスするなどイベント化すれば、コミュニケーションも図れて、より効率の良い満足度の高い打ち合わせになるのではないでしょうか。

第2部

住宅設備設計のポイント

01　玄関・ホールの設備

　家族だけでなく、子供からお年寄りに至るまでの幅広い層のお客様を、ストレスなくお迎えできるような設備計画が望まれます。

⌂1　接客に適した照明とコンセントの配置

1　照明配置は明るさと演出・利便性で考える

　玄関は初めて訪れる方が初めて目にする空間です。接客や靴の脱着等に対して必要な明るさを確保することはもちろん、見せ場となる場所のライトアップなど演出の工夫もしてみましょう。間接照明については34頁を参照してください。

　玄関灯にブラケット照明を用いる場合は、玄関ポーチ＋2.0m程度で玄関ドアを開けた際に影にならない位置に設置しましょう。軒下にダウンライトをつけておくとドアの配置に影響されなくてよいでしょう。

　標準的な広さの玄関ホールをダウンライトで照らす場合、接客時に双方の顔が照らされるように上框の真上で、かつ玄関ホールの天井の芯に合わせて2灯設置すればよいでしょう。玄関収納の高さや配置によって天井の芯が変わる場合があるので、天井伏図で確認して配灯するようにしましょう。

　買い物で両手が使えない場合や夜間の帰宅時に、人感センサー付きの照明器具（スイッチ）があればスイッチを操作する手間が省けて便利です。玄関ホールのみならず、リビング、階段へと続く動線上にも人を感知して点灯、消灯する足元灯を設置しておくとより便利で安心です。

　照明スイッチは上框の上など、玄関、ホール双方から使える位置に設置してください。内玄関、ホール、廊下用だけでなく、外玄関やエクステリアなど外部空間用スイッチもまとめて設置するとよいでしょう。

　スイッチの種類はその用途に応じて、外出先でも操作できる3路、4路スイッチや消し忘れ防止のパイロットスイッチ、人感センサー付きスイッ

■ 玄関灯

ブラケット照明は、玄関扉を開けた際に隠れない位置に設置する。軒下にダウンライトを設置するのもよい。照度は鍵穴やカバンの中が確認できる 30lx が目安。

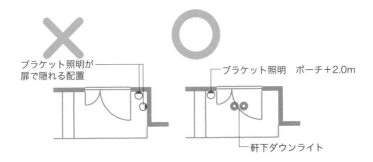

ブラケット照明が扉で隠れる配置

ブラケット照明　ポーチ＋2.0m

軒下ダウンライト

■ 玄関・ホール照明

図の場合、玄関収納がトールタイプであれば問題ないが、カウンタータイプのため天井の芯と照明配置の芯がずれてしまっている。

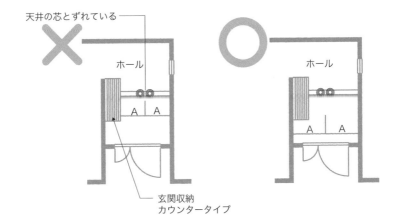

天井の芯とずれている

ホール

ホール

A　A

A　A

玄関収納
カウンタータイプ

チなど適したものを選択し、設置高さは高齢者等にも使いやすいFL＋1000mmにしましょう。

2 コンセント配置は目立たず掃除機の使いやすい場所に

　玄関・ホールには電動アシスト自転車用の充電器、フロアスタンドのように固定して使う家電用と、掃除機など持ち運びして使う家電用のコンセントが必要です。 玄関の正面やアクセントとなる色柄が付いた壁など、目立つ場所を避けて設置しましょう。

　掃除機のコードは4m程度の長さがあるので、玄関ホール、廊下、階段を隅々までカバーできる位置にコンセントを割り付けましょう。コードレス掃除機やお掃除ロボットの収納場所（基地）を玄関、ホールにする場合は、その充電用のコンセントも必要です。

2 外とつながる空間の湿気対策

　最近では土間収納などと呼ばれるウォークイン型の空間が、玄関の付帯空間として設置される例が多くなってきました。

　土間収納には靴や傘などの水分を多く含む物が収納されるので、臭いや湿気の対策として、窓を開閉するのでなく換気扇での換気を推奨します。対象となる室内を、常に負圧に保つことが効率のよい換気のコツです。

　換気扇を玄関に設置すると見栄えが気になりますが、土間収納であれば気にする必要がありません。ただし外観への配慮から、ファサードを避けて設置しましょう。

■ 玄関・ホールのコンセント配置

玄関土間に立った状態で見えにくい位置に設置するのがよい。
ただし、フロアライトのように固定して使う照明器具などで、コンセントが隠れる場合は問題ない。

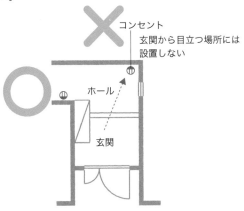

■ 土間収納換気扇

玄関土間には湿気排出のために、換気扇を設置するとよい。設置場所を決める際は、内部の収納棚と干渉しないこと、ファサードを外すなど外観にも配慮することが重要である

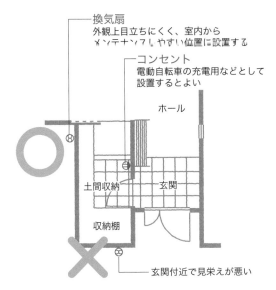

⌂ 3 高齢者等に便利で安心な設備

① 手すり

　玄関からホールへ上がる際に、玄関、ホール双方から使える上框付近に手すりがあると便利です。床から天井まであるユニバーサルデザインのタイプにすると誰もがストレスなく使えて便利です。また、それに加えて玄関からLDK、寝室、トイレ、洗面、浴室などの日常生活空間移動用の水平手すりが廊下等にあるとより安心です。

② ベンチ

　靴の着脱に便利なように、玄関手すりとセットで計画しましょう。玄関ベンチと手すりは手すりが引手となるように400mm程度離して設置すると効果的です。高齢者等だけでなく、ブーツ等の着脱にも便利な設備です。スペースが無い玄関には不要時には壁に収納できるタイプのベンチもあります。

③ ホームエレベーター

　個人住宅に設置するもので、積載量200kg以下、エレベーター内床面積1.3m^{2}以下、昇降行程7m以下（油圧式の場合）の制限があります。エレベーターがあっても2階建ての住宅に階段は必須です。

❶おすすめのポイント

　エレベーターは加齢からくる体力の低下、小さい子供の安全確保、物干し作業など家事の軽減に役立つだけでなく、子供が巣立った後、空き部屋となった2階（子供部屋）の有効活用にも役立ちます。

　3階建て住宅は特に階段の使用頻度が高いため、エレベーターがあると大変助かります。日々の階段昇降が手間で2階リビングをあきらめていた方にとっては必須の設備でしょう。

　エレベーターは、住宅性能評価・高齢者等配慮対策等級、部屋配置の項目では条件付きながら、ホームエレベーターがある場合には、便所が寝室と同

■ 手すりの設置寸法

標準縦型手すり

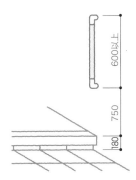

ユニバーサルデザイン
縦型手すり

■ ベンチの寸法

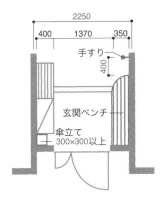

手すり

玄関ベンチ

傘立て
300×300以上

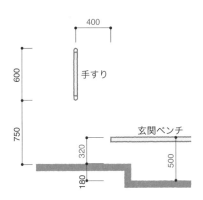

手すり

玄関ベンチ

一階にあれば、玄関、浴室、食事室、脱衣所等と寝室が同一階でなくても等級5（最高等級）となる、高齢者等にとって大変有効な設備です。

❷選択のポイント

重要なのは定員（積載量）と室内の形状、有効寸法です。車椅子を使用する場合は、車椅子の仕様（自走用、介助用、電動等）や介助者の有無によって利用可能なエレベーターが制限されるので、カタログでその組み合わせを確認して下さい。

一般的なエレベーターは正面から乗降しますが、正面から乗って背面へ降りる2方向出入口仕様のエレベーターもあります。

出入口の有効幅は500、680、800mmなどがありますが、標準的な3人乗りタイプの出入口幅は800mm必要となっています。

❸建築基準法によるチェックポイント

エレベーターは、建物とは別に確認申請による手続きが必要です。建物構造や規模によっては、昇降路とその他の部分を防火設備で区画（竪穴区画）する必要があります。特に3階建てで、延べ面積が200m²を超える住宅に設置する際は注意が必要です。また、所有者は年一回以上の定期検査を受け、その結果を特定行政庁へ報告する義務があります。メーカー等との保守点検契約は年間4～6万円程度が目安です（部品交換費除く）。

❹設置に必要な空間寸法等

2人用エレベーター（木造住宅用）に必要な昇降路の寸法は、パナソニック0812パーソナルVの場合で間口1220mm×奥行765mm、ピット深さ550mm、オーバーヘッド2400mmです。

エレベーターホールの奥行は車椅子での使用を想定する場合、介助者が車椅子を旋回するのに必要な寸法として1500mm程度は確保しましょう。車椅子を使用しない場合でも、荷物の出し入れを考えると1250mm以上あると利便性が高まります。

エレベーターの電源は単相三線式の100Vと200Vです。専用回路で準備してください。

■ ２方向出入口タイプのイメージ

車椅子や高齢者等にとっては室内で方向転換が不要なので大変便利である。

外出先からスムーズに室内に移動するため、１階に前後２方向（玄関土間側と玄関ホール側）の出入口を設けて、上がり框の段差を解消するリフトとしても利用できる。

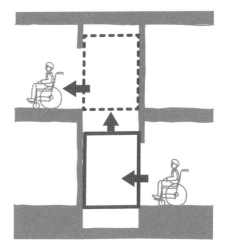

イラスト：小山幸子

■ エレベーター設置に必要な寸法

２人用 EV に必要な昇降路の形状は、縦長や横長、正方形に近いものまで多様なバリエーションがある。

間取りに当てはまる EV を設定するのでなく、利用する車椅子の条件に合わせて間取りづくりすることが重要。２方向出入口が使えないものも多いので注意。

車椅子利用の場合は EV ホールだけでなく、廊下の屈曲部も広くするとよい。

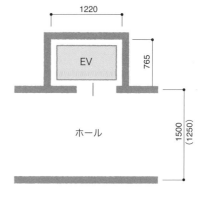

4 家に汚れを持ち込まないための給水設備

1 今後ニーズが高まる玄関の水洗設備

　特に花粉、ウィルスが気になる時期は家に入る前に手洗い、うがいを済ませたいものです。子供が学校や遊びなどから帰宅する際も、服の汚れを落とし、汚れ物を脱いだ後に家に上がらせれば、掃除の手間もかなり軽減するでしょう。今後益々、玄関に手洗い設備を設置するケースが増えると考えられます。

　玄関土間空間をアトリエや日曜大工に利用する場合は、土間に水を流して清掃することが想定されるので、水栓と土間排水（目皿）を設置しておきましょう。

2 手洗い設備設置のケーススタディ

　手洗いの設置条件としては玄関から近い、着替えがしやすい、水はね等の汚れが気にならないことがあげられます。

● **ケース 1　屋外に設置する場合**

　玄関から近い目立たない屋外に、ガーデンパン付きの立水栓やスロップシンクを設置しておくと、水はねを気にせず手や足、汚れ物などを洗えます。ホースをつなげば洗車、草木の水やりにも使えます。すぐ横に勝手口を設けて、土間付きの洗面室とつないでおけば、玄関を通る必要もないので便利です。天候に左右され、外からの視線が気になる点がデメリットです。

● **ケース 2　玄関ホールに設置する場合**

　リビングや自室に入る前に手洗い、うがい等を済ませられますが、服の汚れはそのままで洗面所まで行く必要があります。常にきれいに保っておく必要があるので、水はねも気になるでしょう。メリットとしては、来客が洗面所を使わずに手洗いができる点です。

● **ケース 3　玄関土間に設置する場合**

　玄関からウォークスルーで廊下や洗面室につながる空間（土間収納等）に

手洗いを設置しておけば、水はねや着替えの際の視線も気にならなくてよいでしょう。少々暗くて雑多な雰囲気なのがデメリットです。

　いずれのケースも一長一短ありますが、玄関ホールに必要な設備として「手洗い」を前提に計画してみるのはいかがでしょうか。

■　ケース１のプラン例

玄関から近く、洗面室（土間付き）への動線も便利な軒下に設置した例。外から見えにくくする工夫があればさらによい。

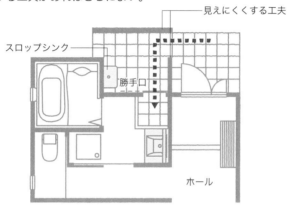

■　ケース２のプラン例

玄関から見えない場所に手洗いを設置した例

■　ケース３のプラン例

土間収納内に手洗いを設置した例

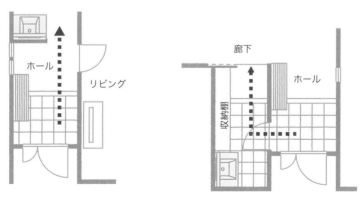

02 浴室の設備

⌂1 健康増進・美容の空間をデザインする

　在来工法に比べて防水工事が要らず工期が短くて済むユニットバスの普及率は 2015 年に 60% を超え、現在も伸び続けています。

　体を洗う空間から癒しの空間へ、そして更に健康増進、美容の空間へと変化しつつある浴室（ユニットバス）の選択のポイントについて考えます。

　浴槽の保温性を高めることで光熱費が大幅に削減され、滑りにくくクッション性の高い床は安全性を増し、水切れもよいことで快適性も増しました。排水溝などの清掃性も高まるなど、ユニットバスの仕様、装備は高いレベルで標準化されてきました。

■1 在来工法とユニットバス・ハーフユニットバス

　在来工法は浴槽、窓、内装の仕上げに至るまでお気に入りの部材を選んで作ることができる、いわゆるオーダーメイドの浴室です。防水工事が必要で工種も多岐にわたるので工期が長くなります。コストも相応にかかります。

　ユニットバスは浴槽、床、壁などの部材を工場で製作し、現地でそれらを組み立てて作ります。特別な防水工事を必要とせず、単工種で施工できるため工期が短くて済みます。選択できる仕様装備の幅も広く、選ぶ楽しみも味わえます。

　ハーフユニットバスはそれぞれの良いところを組み合わせたもので、浴槽と腰壁、床の部分をユニット化し、その他の壁、天井はお気に入りの部材を選択することができます。対応できる商品の種類が少なく、壁の防水工事を現場で施工する必要がありますが、在来工法に比べて比較的短工期で、水漏れの心配も少ないので安心できます。

■ 工法による違い

一般的な在来工法の納まり

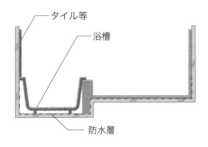

一般的なユニットバスの納まり

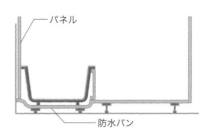

ハーフユニットバスは下図のように、浴槽に接する壁を少し立ち上げて、その高さから下の部分をユニット化したもの。

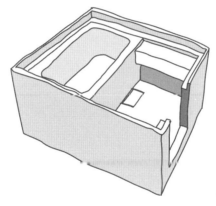

イラスト：小山幸子

■ 一般的なユニットバスのサイズ

サイズ		内法面積	内寸寸法	性能評価等級
(呼称)	(坪)	(m²)	(m)	
1216	0.75	1.92	1.20×1.60	―
1616	1.00	2.56	1.60×1.60	5
1620	1.25	3.20	1.60×2.00	5
1624	1.50	3.84	1.60×2.40	5
1818	メーター ジュール	3.15	1.75×1.80	5

2 サイズの選択

　ユニットバスのサイズは内寸（長辺 × 短辺）で表記され、代表的なサイズは 1216（0.75 坪）、1616（1 坪）、1620（1.25 坪）、1624（1.5 坪）です。

　住宅性能評価の高齢者等配慮対策等級では、短辺 1.3m 以上、内法面積が 2.0m^2 以上の浴室を等級 3 と規定しています。1616 サイズは等級 5 の規定（短辺 1.4m 以上、内法面積 2.5m^2 以上）もクリアしているので 1616 以上のユニットバスを選ぶとよいでしょう。

3 出入口扉の選択

　出入口の扉には折戸、引戸、開き戸があります。

　折戸は最も標準的な仕様でコンパクトなサイズもありますが、等級 3 の開口有効幅、（600mm 以上）が確保できるものもあります。

　内開き戸は中で人が倒れた時や、入浴用のいすを使用した際に開閉しづらいデメリットがあります。

　引戸は省スペースで扉開閉時に体を移動させる必要のない高齢者向きの扉ですが、洗面室側への引き込みとなるので、洗面室の備品、スイッチ等の設置場所に注意が必要です。

　洗面室、浴室ともに狭い空間なので、扉や間仕切りを透明な素材にすると、開放感が増してよいでしょう。

4 リラクゼーション仕様の選択

　健康、美容、リフレッシュに効果が期待できる主な浴室の仕様を紹介します。半身浴のできる浴槽で、お気に入りの飲料でしっかりと水分補給（味覚）しながら、五感を使った入浴を楽しみましょう。

- AV：浴室をオーディオルーム化し、好きなサウンドと 30 型を超える大型テレビが楽しみます。（視覚、聴覚）
- 入浴：ミクロの泡やオイルを発生させたお湯に入浴することで、全身が潤い、美肌効果があるとされます。肩湯、ジェットバスなどは、水流や泡で

全身を刺激することで、マッサージ効果と体を短時間で温める効果があります。（嗅覚、触覚）

- シャワー：浴室の天井に取り付けたシャワー（オーバーヘッドシャワー）などで、打たせ湯などの色々な水流のシャワーが楽しめます。（触覚）
- 照明：入浴時間やその時の気分によって、リラックス、リフレッシュなど好みの明かりのモードに調光・調色できます。（視覚）

■ 五感で感じる浴室のイメージ

イラスト：小山幸子

2 健康の大敵である真冬の寒暖差を解消する

1 換気扇と 24 時間機械換気システム

浴室には湿気排出のための換気扇が必要です。窓を開けて換気するよりも、密閉した空間で換気扇を使って換気する方が効率的、かつ衛生的です。外気の流入を制限することでカビの発生も抑制できます。

浴室の換気扇が 24 時間機械換気システムに含まれる場合は、スイッチは不要です。スイッチを設ける場合には 24 時間換気である旨を明記して、消し間違いのないように配慮して下さい。

2 ヒートショックと浴室換気乾燥暖房機

浴室と浴槽の湯温差などが体に及ぼす変化のことを、ヒートショックと呼びます。血圧の急上昇などが原因で、特に高齢者が浴室内で転倒したり浴槽で溺れたりすることで、重篤な場合は死につながる恐れがあります。

12 月〜2 月の冬期が、入浴中の事故発生のピークとなっていることから、その対策としては浴室の予備暖房が効果的と考えられます。暖房設備が整っていると思われる、北海道で発生率が低いのが特徴です。

浴室換気乾燥暖房機には換気、予備暖房、衣類乾燥、涼風の機能があり、ミストサウナの機能が付いたものもあります。天井埋め込みの他、リフォームでも設置しやすい壁掛け式もあります。

浴室換気乾燥暖房機は床暖房と同様にガス、電気（ヒーター式、ヒートポンプ式）の熱源が選択できます。電気式には 100V と 200V があります。商品の仕様を参照して、浴室の広さに適した仕様を選択してください。

浴室換気乾燥暖房機 1 台で、洗面、トイレなど複数の部屋の換気と暖房が同時に賄える設備もあるなど、浴室、洗面室の換気暖房設備にはいろいろな仕様があり、組み合わせが選択できます。浴室、洗面室それぞれで考えるのでなく一室で計画しましょう。

■ 入浴中の事故死者の割合

65 歳以上の高齢者の冬の入浴には特に気を付ける必要がある。

65 歳以上と 65 歳未満の溺死者数の割合

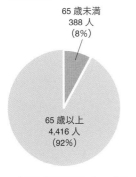

65 歳未満
388 人
（8%）

65 歳以上
4,416 人
（92%）

（出典：消費者庁 HP　News Release
平成 29 年 1 月 29 日）

月別の入浴中の事故死者数（東京 23 区内）

（10 年間の平均人数）

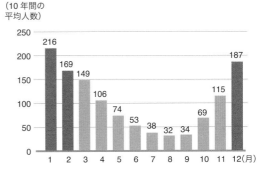

月	人数
1	216
2	169
3	149
4	106
5	74
6	53
7	38
8	32
9	34
10	69
11	115
12	187

（出典：消費者庁 HP　News Release 平成 29 年 1 月 29 日）

■ 浴室換気乾燥暖房機

2 室暖房、3 室換気のイメージ

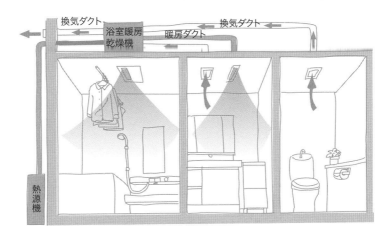

換気ダクト　浴室暖房乾燥機　暖房ダクト　換気ダクト

熱源機

イラスト：小山幸子

⌂3 高齢者等に必要な設備

1 ユニットバスのレイアウトと空間寸法

❶ 扉と浴槽の位置関係

　入浴用車いすを利用する場合、扉の正面にシャワーがあると方向転換せずに入退出できるので便利です。入浴時以外にもシャワーだけ使用する場合があるので、シャワーの位置を優先に計画しましょう。シャワー使用後、浴槽に移乗する際も横向きの姿勢なので介助しやすくてよいでしょう。

❷ 洗い場の広さ

　洗い場の広さが0.8〜1.2m、奥行1.6mあると入浴用のいすが使えて、介助者が横や後ろに回り込むことができます。一般に1616のユニットバスの洗い場は0.8×1.6m程度で、1620のユニットバスは1.2×1.6m程度です。1616の場合は後ろから、1620は横からの介助もしやすいサイズといえるでしょう。

2 手すり （ア〜オは右図と対応）

　浴室内の手摺は、ア「浴室出入り時」、イ「洗い場での立ち座り時」、ウ「浴槽またぎ時」、エ「入浴時に姿勢を安全に保持するため」に設置します。イとウの手すりは兼用で設置できます。

　高齢者等配慮対策等級2〜4ではウが必須、イ以外の手すりが全て設置されていれば最高等級5です。この他にオ「洗い場移動用の横手すり」（FL＋750mm）があるとさらに安心です。

3 その他の設備

❶ 浴室換気乾燥暖房機

　入浴時のヒートショック対策に効果的です。ミストサウナの機能があれば、浴槽に入らなくても入浴と同等の効果があるとされるので、高齢者だけでなく介助者の負担も軽減します。

高齢者等の住まいは洗濯物の数も限られることから、浴室換気乾燥暖房機の衣類乾燥機能を使って、浴室を主な洗濯物干し場とすれば移動の手間も省けて安全です。

❷給湯リモコン

　通話ボタンを押すと、台所と浴室のリモコン間で通話できる機能付きのリモコンがあります。お年寄りや子供の入浴状況の確認にも使える安心機能です。

■ 洗い場の広さと介助のしやすさ

1616 の場合　　　　　　　　　　1620 の場合

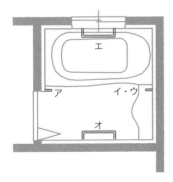

後方から介助しやすい　　　　　横や後方からも介助しやすい

■ 手すりの設置位置と寸法

ア　：FL＋750mm を下端に L-600mm 以上の縦手すり
イ・ウ：FL＋600mm を下端に L-800mm 以上の縦手すり
エ　：浴槽＋200mm 程度の横手すり
オ　：FL＋750mm の横手すり

03 洗面室の設備

　化粧洗面台には、予め一体化されたユニットタイプと呼ばれる限られた範囲内で色柄などが選択できるもの、オーダータイプと呼ばれるカウンターやボウル、扉の色柄、把手に至るまで組み合わせが可能なものがあります。最近では、各々の良さを取り入れたセミオーダータイプの商品もあり、デザインや機能性が高まっています。

　一般にデザイン性が高い洗面台ほど収納力に劣る傾向にあります。洗面室全体の収納力の視点からも考えて、洗面台を選択する必要があります。

⌂1 洗面室の収納力で考える 化粧洗面台のデザイン

1 化粧洗面台の選択

❶洗面台のサイズ（幅・高さ）

　ユニットタイプの洗面台幅は 600、750、900、1200mm などが一般的です。一坪の洗面室（1.82m×1.82m）に洗濯機と並列で設置する場合は 900mm が多く用いられます。女性の多い家族には 2 ボールカウンターや、ニースペース付きのカウンターを設置できる洗面室がおすすめです。

　使いやすい洗面台の高さは、身長／2 とされています。洗面台は家族全員が使う設備ですが、使用頻度、時間が長い女性に合わせて選択するのがよいでしょう。ベッセル型洗面は、カウンターとボウルの高さが異なるので、高さの設定には注意が必要です。

　カウンター部分が昇降可能なユニバーサルデザインの洗面台も市販されています。

❷洗面ボウル

　ボウルの素材には樹脂、陶器、人造大理石、金属などがあります。成形しやすい樹脂、人造大理石のボウルは、カウンターと一体化させてスッキリと清掃性にも配慮されたデザインのものが多くあります。

■ 収納スペース確保の工夫

洗面台の収納だけでは収納量が不足する。出入口が図の位置では収納スペースがとれないが、出入口を浴室側にすると、洗濯機前に収納スペースが確保できる。

出入口扉の位置変更

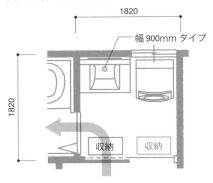

■ 使いやすい洗面台の高さの例

160cm 程度の背の高さの女性に合わせて、800mm の高さを標準としているメーカーが多い。

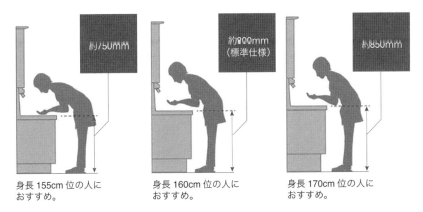

身長 155cm 位の人におすすめ。　身長 160cm 位の人におすすめ。　身長 170cm 位の人におすすめ。

（出典：リクシル株式会社　https://www.lixil.co.jp/lineup/powderroom/piara/variation/variation01.htm）

素材感が魅力的な陶器や金属製のボウルは、カウンター上にボウルを載せた据え置き（ベッセル）タイプの洗面によく使われます。カウンターと洗面器に段差があるため、清掃性や高さの設定に注意が必要です。ボウルを半分程度埋め込んで段差を少なくした半埋め込みタイプもあります。

❸ 水栓金具

引き出して使えるシャワー水栓、手をかざすだけで使用できるタッチレス水栓など、使いやすさと節水性を兼ね備えた仕様が選択できます。スワンネック、グースネックなど意匠性に優れた水栓も一般的になりつつあります。

水栓はカウンター上にあるのが一般的ですが、汚れがたまりにくいように正面立ち上がり部分に設置されたものも多く見られます。

❹ 鏡

ユニットタイプでは、収納キャビネット付きの1面鏡、3面鏡が一般的です。メイクなどの細かい作業には、鏡が手前に引き出せるタイプが適しています。

子供の目線に合わせた位置に鏡があるもの、くもり止め機能や内部のキャビネットにも湿気がたまりにくい工夫がされているものもあります。オーダータイプの洗面台にすれば、お気に入りの鏡を自由に設置できます。

❺ 吊り戸棚、その他

タオルや洗剤、ストック用品等を保管するために、洗面室内に収納が必要です。下着、寝間着、オムツ等も収納する場合があるなど、必要収納量はライフスタイルの違いで大きな差があります。

収納量が不足する場合は、洗面台に吊り戸棚を追加する、洗面台の幅を変更して、サイドキャビネットを追加する（例：W1200洗面台→W900洗面台＋W300収納キャビネット）などの対策が必要です。

最下部の収納を踏み台として利用できる仕様は、小さな子供の洗面台の利用や、女性の吊り戸棚の物の出し入れの利便性を高めます。

洗面台の巾木部分にヘルスメーターを収納できる仕様があれば、壁に立てかけたままのヘルスメーターがすっきりと片付きます。

■ 洗面ボウルの種類

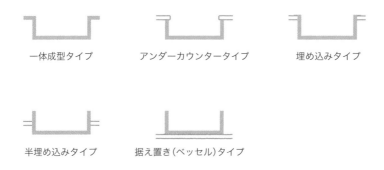

一体成型タイプ　　　アンダーカウンタータイプ　　　埋め込みタイプ

半埋め込みタイプ　　　据え置き(ベッセル)タイプ

（出典：リクシル株式会社　https://www.lixil.co.jp/lineup/powderroom/piara/variation/variation01.htm）

■ 洗面台の収納を利用した便利な仕様の例

踏み台

（出典：リクシル株式会社　https://www.lixil.co.jp/
powderroom/piara/variation/variation01.htm）

ヘルスメーター収納

（出典：リクシル株式会社　https://www.lixil.co.jp/
lineup/powderroom/lc/variation/watertap_cabinet/）

2 洗濯設備の選択

❶洗濯機（防水）パン or 排水金具

　洗濯機パンのメリットは、排水パイプが外れても下階に漏水しない安全性で、振動が下階に伝わりにくいメリットもあります。デメリットは排水金具に比べて見栄えが悪く、清掃性に劣ることです。洗濯機パンの標準サイズは 640×640mm ですが、洗濯機の大型化に合わせて 740×640mm、800×640mm などのサイズも規格化されています。

　給水栓付きの洗濯機パンは、洗濯機パンの給水栓から直接、洗濯機に給水できるので、壁面に洗濯用水栓を設置する必要がなくなります。それにより洗濯機背面の窓が大きくとれる、使いやすい高さに棚が設置できるなどのメリットがあります。

　排水金具のメリットは、洗濯機の足元がスッキリすることです。排水金具が洗濯機の下にある場合、排水パイプを納めるために、洗濯機のかさ上げが必要になる場合があるので注意しましょう。デメリットは排水パイプが外れた場合、下階に漏水することです。最下階以外の場合は、洗濯機パンを推奨します。洗濯機をキャスター付きのかさ上げ台に乗せておくと、必要な時に簡単に移動できるので、掃除や点検がしやすくて便利です。

❷ 単水栓 or 混合水栓

　洗濯機用水栓金具は、ホースが外れた時でも安心な緊急止水弁付き水栓が一般的です。以前は水洗いが大半でしたが、汚れが落ちやすいお湯を使って洗濯する家庭が増えてきました。洗濯機にもお湯洗いの機能があるなど、今後は単水栓でなく混合水栓が主流となるでしょう。

　水栓を壁に設置する場合は、給水管と基礎、土台の干渉を避けるため配管カバー仕様にするなど配慮しましょう。

❸ 多目的流し

　汚れ物の下洗いに便利です。洗面台で代用できなくもないですが、浸け置き洗いをしている際に洗面台が使えないので、スペースがあれば設置したい設備です。水栓は混合水栓にするとよいでしょう。

❹ 室内物干し機能

　一坪程度の洗面室であれば一度に多くの洗濯物は干せませんが、洗濯物干しの下準備は可能です。室内物干し設備（148頁）があると、洗濯物をハンガーに掛けて吊るせるので効率的です。

　洗面室を室内干しスペースとして活用する場合は、乾燥を促進し部屋干し臭を抑制するなどの機能がある専用ファン、衣類乾燥機能付きの暖房機があると便利です。

■　給水栓の設置例

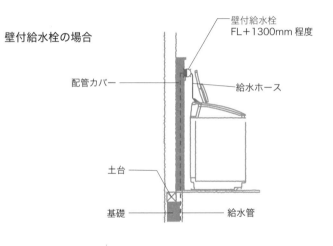

壁付給水栓の場合

壁付給水栓
FL＋1300mm 程度

配管カバー

給水ホース

土台

基礎

給水管

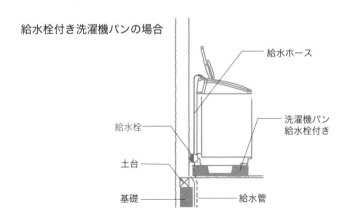

給水栓付き洗濯機パンの場合

給水ホース

給水栓

洗濯機パン
給水栓付き

土台

基礎

給水管

② 防湿対策と利便性を考えて配置する

① 照明配置計画

　洗面室の推奨照度は全般照明が100lxで、ひげそりや化粧時の人物に対しての鉛直面照度は300lxとされます。

　洗面台を使った化粧等の行為に必要な明るさは、洗面台付属の照明でまかない、全般照明用の器具は部屋の中心に設置します。一坪サイズ（1.82m×1.82m）の洗面室をダウンライトで照らす場合は1〜2灯設置すればよいでしょう。洗面台や洗濯機の上に吊り戸棚がある場合は、天井の芯がずれるので注意してください。

　洗面室は湿気が多い場所なので、防湿型器具を選んでおくと安心です。人感センサー付きの器具にしておくと消し忘れ防止にもなります。脱臭や除菌機能など多機能な照明器具も開発されていますので、検討してみましょう。

　浴室の照明、換気扇、換気乾燥暖房機などのスイッチは入浴時に操作しやすいように浴室扉付近にまとめて設置しておけばスッキリと納まり、利便性も高まります。

② コンセント配置計画

　洗面室で使う家電の種類としては洗濯機、衣類乾燥機、部屋干し専用ファンなど一年中固定して使う家電や、扇風機、ファンヒーター、掃除機など持ち運びして使う季節の家電の他、シェーバー、ドライヤー、電動歯ブラシ充電器など洗面台で使用する家電があります。

　洗面室に必要なコンセントは固定して使う家電用の他、持ち運びして使う家電用として少なくとも1ヶ所以上（2ヶ所推奨）配置しましょう。

　洗面台で使う家電は洗面台付属のコンセントを使用することが前提ですが、不足するようであれば、水はねの危険がない位置に追加してください。

　洗濯機用のコンセントは湿気やほこりによる影響を受けにくく、洗濯機に隠れないように洗濯機高さ＋200mm以上に設置して下さい。洗濯機パン

を使用する場合や、洗濯機をかさ上げする必要がある場合でも問題のないように、余裕がある高さに設置しておきましょう。コンセントはアース付きで専用回路にしてください。

■ 照明、スイッチ、コンセントの配置例

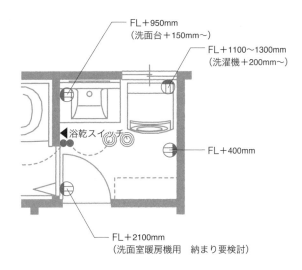

FL＋950mm
（洗面台＋150mm～）

FL＋1100～1300mm
（洗濯機＋200mm～）

浴乾スイッチ

FL＋400mm

FL＋2100mm
（洗面室暖房機用　納まり要検討）

● 洗濯機コンセント高さ
洗濯機の下を清掃しやすいように、かさ上げ台を使用する場合は洗濯機の高さが100mm程度高くなる。排水金具使用時で直下に排水できない場合も、かさ上げする必要があるので注意。

200

1100～1300　程度
（洗濯機高さ＋200）

⌂3 寒くて湿っぽい洗面室の環境を改善する

1 換気設備の選定

　洗面室には、入浴時や洗濯時の湿気を短時間に排出できる換気扇の設置をおすすめします。

　湿度センサー付きの換気扇は、設置した湿度以上で自動運転し、それ以下になると停止します。外壁に面した壁にスペースがない場合は天井埋め込み型を選択しましょう。窓がある場合でも、窓の開け閉めの手間が省け、換気する際に外部から覗かれる心配もない換気扇の設置をおすすめします。外気の流入を制限することでカビの発生も抑制できます。

　換気扇のフードが建物のファサードから見えないような、外観への配慮も必要です。

2 暖房設備の選定

　ヒートショック（84 頁参照）を予防するには、浴室だけでなく洗面室での対策も重要です。

　暖められた部屋から冷えた洗面室に入り脱衣する。入浴後、温まった体で冷えた洗面室に出て着衣する。洗面室では大変危険な温度変化を繰り返します。その対策として洗面室の暖房はとても効果的です。

　狭くて衣類など可燃物が多い洗面室は、ファンヒーターなどの床置き式の暖房器具を置くには適さない場所です。浴室換気乾燥暖房機の機能を利用したり、洗面室に天井埋め込み式または壁掛け式の暖房機を設置するなどして対策しましょう。

　暖房機には暖房機能の他、涼風機能もあるのが一般的で、衣類乾燥機能があるものもあります。電気式の場合は洗面室の広さに適した仕様（100V、200V）を選択しましょう。

換気扇の設置例（北接道時）

換気扇の位置は外観にも配慮すること。外壁につける場合はAよりもBの方が目立たなくてよい。C（天井）やD（浴室扉の上）に設置して、天井の低い浴室の天井裏を利用して西側に排気するのもよい。

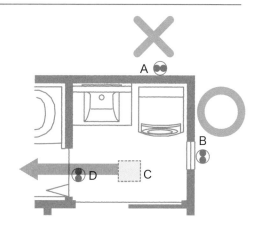

洗面室暖房のイメージ

浴室、洗面室を同じ程度の室温にコントロールすることがヒートショック予防のポイント。

イラスト：小山幸子

4 高齢者等に必要な洗面室の工夫

1 洗面台の配置と空間寸法

❶ 洗面室の配置

　高齢者の寝室と同じ階に設けましょう。寝室から近ければ便利ですが、浴室、洗面室は利用時間帯が比較的遅く、長時間に渡ってドライヤーなどの音も発生するので、騒音トラブルにならないような配慮が求められます。

　寝室と隣接する場合は、収納を挟む、遮音に有効な壁の仕様にするなど、音に対しての配慮が必要です。

❷ 必要な空間寸法

　脱衣着衣に必要な空間は左右方向 1.2m で前後方向 0.7m 程度ですが、介護や親子で使用する場合は 1.2m×1.2m を目安に確保しましょう。

　洗濯に必要な空間寸法は、ドラム式洗濯機の場合は、洗濯機正面に扉の開閉及び作業スペースとして 600mm 以上必要です。縦型全自動洗濯機の場合は、横から作業できるので洗濯機正面には必要ありません。

　洗面台での行為に必要な空間寸法は、腰をかがめた状態で洗顔できるように洗面台正面に 600mm 以上必要です。車いすを使用する場合は 1,000mm 以上確保しましょう。

❸ 洗面室のレイアウト

　洗面台は日に数回使用する設備なので、使用しやすい位置に洗面台をレイアウトしましょう。洗面室出入口扉の正面に洗面台があると方向転換が不要で、車イスの場合は切り返しが必要ありません。

　逆のレイアウトにすると、洗面台への動線が不便になるだけでなく、洗面台前に必要な寸法も確保しにくくなります。

■ 必要な空間寸法の図面

一坪タイプの洗面室の場合、脱衣着衣に必要な寸法 1.2m×0.7m の確保はほぼ可能だが 1.2m×1.2m は難しい。

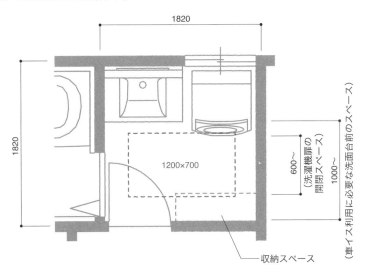

1820

1820

1200×700

600〜
（洗濯機扉の開閉スペース）

1000〜
（車イス利用に必要な洗面台前のスペース）

収納スペース

■ 車イス利用者が使いやすい洗面台の配置

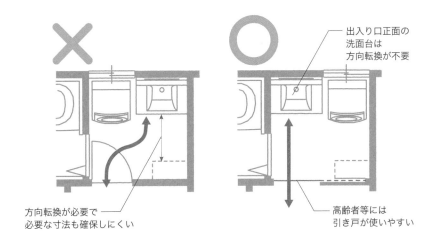

出入り口正面の
洗面台は
方向転換が不要

方向転換が必要で
必要な寸法も確保しにくい

高齢者等には
引き戸が使いやすい

2 手すりの設置

　浴室扉の横に姿勢保持用の手すりを設置しましょう。設置高さは手すり下端まで 750mm で長さ 600mm 以上としましょう（「住宅性能評価　高齢者等配慮対策等級 5」〔下地補強は等級 3〕）。

　洗面台でいすを使う場合は、立ち座りのための手すり、洗面室の扉が引き戸の場合は、その横に姿勢保持用の手すりがあると安心です。

3 車いす用洗面台

　ユニバーサルデザインの洗面台のように、カウンターの高さを自由に変えることはできませんが、車いすの利用を前提に考えられた洗面台も市販されています。

　高齢者等は車いすを使用しない場合でも、手の届く範囲が限られます。洗面台選択の際は物が多く置けるカウンターの広い洗面台を選ぶとよいでしょう。

4 その他の設備

　床下点検口（収納庫）を設置する場合は蓋ががたつくなどの恐れがあるので、人が常時通る部分を避けて設置しましょう。キャスター付きの収納の下などに設置すれば、点検する際も問題ありません。

■ 手すりの設置例

洗面室及び浴室出入口扉の横に、扉開閉時の姿勢保持用の手すりがあるとよい。

洗面台でイスを使用する場合は、立ち座りを補助する手すりとしても使用できる。

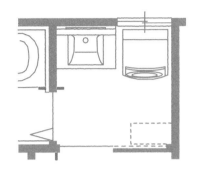

■ 床下点検口の設置例

床下点検口を設置する場合、人の通りが少ない場所に設置する。大きさは450角、600角が一般的。

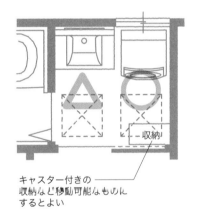

キャスター付きの収納など移動可能なものにするとよい

収納

04 トイレの設備

主たるトイレはお客様の利用が前提のため、化粧直しに使える設備や高齢者等が無理なく利用できるように手すりなどを備えておく必要があります。

⌂1 おもてなし空間でもあるトイレの計画

1 便器・便座の組み合わせ

❶ 組み合わせ型 or 一体型

トイレには便器、便座を組み合わせて使用する「組み合わせ型」、便器と便座が一体となった「一体型」があります。

組み合わせ型は比較的リーズナブルで、便座が壊れた場合や便座を最新式のものに変えたい場合は便座のみを交換できるメリットがありますが、一体型に比べるとデザイン性、清掃性に劣ります。

一体型は故障等による取り換えの場合、影響範囲が大きくなるデメリットや、便座だけを最新式に交換することができないデメリットがありますが、デザイン性、清掃性に優ります。

❷ 給水タンク型 or タンクレス型

トイレには給水タンクが必要なものと、不必要なタンクレス型があります。

タンクレス型は省スペースでタンクに水を溜める必要がないため、連続使用できるメリットがあります。節水効果も高く 10 年前の 1/3 程度の水量で流すことができます。停電、断水時も水を補充すれば手動で流す機能等もあるので安心ですが、極端に水圧が低い場合や高い場合は設置できないので注意しましょう。手洗い器を別に設ける必要があります。

給水タンク型は水圧に関係なく安心して設置できます。タンクレスに比べて比較的安く、タンクを手洗い付きにすれば手洗い器を別に設ける必要もありません。デメリットはサイズが大きいのでトイレが狭くなること、タンクに水が溜まるまで待つ必要があるので、連続で使用できないことです。

現在は一体型トイレのタンクレス型が主流となっていますが、一部の自治体ではタンクレス便器の使用条件が定められている場合があるので注意して下さい。便器と便座の組み合わせが決まると、次にそれぞれの仕様を決めていきます。

■　組み合わせ型と一体型の違い

一体型を選択する方が多いが、故障の際、簡単に便座部分を取り換えられる組み合わせ型の人気も根強い。

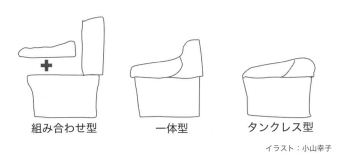

組み合わせ型　　　　一体型　　　　タンクレス型

イラスト：小山幸子

■　タンクの有無によるサイズの違い

一般的に奥行きはタンクレストイレの方が 100mm 程度短い。トイレのような狭い空間で 100mm 違うと、足元の余裕が全く違う

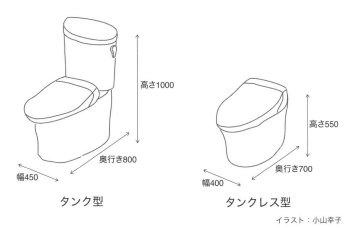

高さ1000

奥行き800

幅450

タンク型

高さ550

奥行き700

幅400

タンクレス型

イラスト：小山幸子

2 便器・便座機能の選択

❶ 便器の素材選択

便器の素材の条件は、丈夫、清潔、水を吸収しない、加工のしやすさです。その条件を満たした陶器製が一般的でしたが、重くて割れやすいデメリットもあります。今ではより加工しやすくて軽い、特殊樹脂を使った便器が開発されシェアを増やしています。熱に弱いなどデメリットもありますが、それぞれのメーカーが素材の改良や、便器の自動洗浄システムなどを搭載することで、汚れが付きにくく、お手入れしやすい便器の開発を進めています。

❷ 便座の機能選択

暖房便座は温かいだけなく、座った時だけ温かくなる機能、洗浄便座は単なる温水洗浄だけでなくマッサージ機能を付加するなど、エコで快適な機能も充実しています。

1階のトイレはお客様、高齢者が使うことも前提なので、加齢のことも考慮して腰を屈めて操作する必要のない便蓋自動開閉機能や、エチケットのための脱臭機能も選択しておくと喜ばれるでしょう。

3 手洗い器の選択

タンクレストイレの普及前は、手洗い付きの給水タンクで手を洗う方式が標準的でしたが、その普及とともに、1階トイレに手洗い器を設ける必要が出てきました。手洗い器には手洗い器単体のもの、カウンターと一体になったものがあります。

❶ カウンターの有無と奥行の選択

カウンターがあれば化粧ポーチなどを仮置きでき、花などを飾れる他、手掛かりとしても使えます。カウンター下のボックスにはトイレットペーパーなどを収納できる仕様が一般的です。カウンターをつけずに、洗面器単体で設置することも可能です。

カウンター奥行が100〜120mm程度で、ボウルの奥行も200mm程度のコンパクトな手洗いカウンターは、標準モジュール（間口910mm等）のトイレにも設置できます。

■ トイレ装備品の配置

便器付属手洗いの場合
〈装備品を個別に配置〉 〈一体型を配置〉

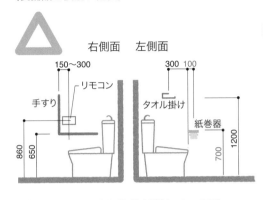 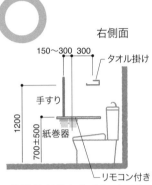

右側面 左側面 右側面

各々のレイアウト調整が難しく、見栄えもしない。

装備品が効率よくレイアウトできるのでよい。

手洗いカウンターを設けた場合

省スペースタイプの
手洗いカウンターを設けた場合

カウンターの奥行きが広い（300mm程度）ので、手すりは同一面に設置できない。

手すりとカウンターを同一面に設置できる。

カウンター奥行き 300mm 程度のタイプを設置するには、トイレ幅を 1000mm → 1250mm（メーターモジュールの場合）に広げる必要があります。洗面ボウルはカウンター一体型やベッセル型など選択の幅が広がります。

❷収納量の選択

トイレで使うものはトイレ内に収納しましょう。カウンター下のボックスとそれ以外の収納を合わせて、必要な収納量がまかなえるように計画しましょう。

❸水栓の選択

水栓は手動、自動、混合水栓から選択できます。混合水栓用の給湯器を収納に組み込めない場合は、本体の給湯器との接続が必要になります。給湯器との距離が離れているとお湯が出るまで時間がかかります。

❹付属部材の選択

手洗いカウンターには紙巻き器、洗浄リモコンなどを組み込むことができるものがあります。コンパクトタイプのカウンターは手すりとも一体化できます。鏡は化粧直しの際にあれば喜ばれる仕様です。

■ トイレの収納例

収納一体型トイレと手洗いカウンターの組合わせによる収納量の目安

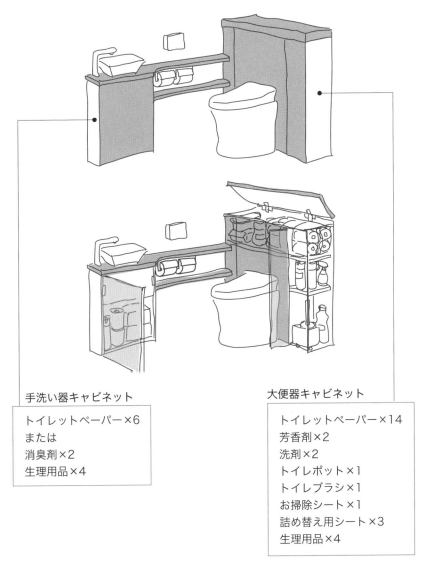

手洗い器キャビネット

トイレットペーパー×6
または
消臭剤×2
生理用品×4

大便器キャビネット

トイレットペーパー×14
芳香剤×2
洗剤×2
トイレポット×1
トイレブラシ×1
お掃除シート×1
詰め替え用シート×3
生理用品×4

イラスト：小山幸子

⌂ ② スイッチは外、照明は眩しくない配置に

① 照明配置計画

　トイレの推奨照度は全般照明で75lx ですが、夜間は目が暗さになれていて眩しく感じやすいことから、10 ～ 20lx 程度の暗さがよいとされます。昼夜別の照度調整が難しい場合は、2 階トイレの照明器具だけを夜間用に合わせておくとよいでしょう。

- ● **照明器具**

　天井に配灯する場合は、人の影が出にくいように便器先端の真上につけます。天井が低い階段下のトイレなどで器具が邪魔になる場合は、ダウンライトにするか壁面のブラケット灯にすると圧迫感がなくてよいでしょう。但し、用便時に眩しくないように便器の正面や背面を避ける、目線より上で、邪魔にならない高さに設置する（FL ＋ 2.0m ～）、入室時、眩しくないように扉の開き側に設置する。以上の点に気を付けてください。

　1 階のトイレはお客様も使用するということもあり、インテリア性を重視した間接照明も多く用いられます。コーニス照明で壁を照らす場合は、光の反射率に影響がある壁の色（明度）を変えることで、部屋の明るさを調整できます。

　トイレの照明は、消し忘れ防止の観点等から人感センサ付きの器具を推奨します。脱臭や除菌機能など多機能な照明器具も開発されていますので、検討してみてはいかがでしょうか。

- ● **スイッチ**

　暗い部屋に入ることが嫌われる、お客様にスイッチの位置がわかりやすい、トイレ内で照明の入切を繰り返さない。以上のことから室外から操作できるように配置してください。その際、他のスイッチと間違って消されないように単独のスイッチプレートにするなど配慮しましょう。

2 コンセント配置計画

　便器（便座）用に、便器の側方でメンテナンスしやすい場所にコンセント（アース付き、専用回路）を設置してください。コンセントは隠さずに、常に見える場所に設置した方が漏電等のリスクが少なくて安心です。

　トイレ手洗い器を自動水栓にする場合は別に電源が必要です。寒冷地仕様の場合などは、３口以上のコンセントが必要となる場合があります。

■ 照明器具、コンセント設置例

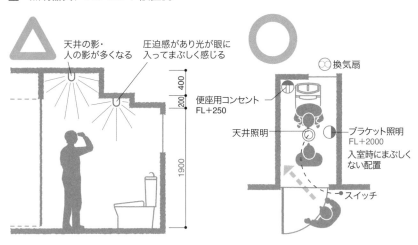

天井の影・人の影が多くなる

圧迫感があり光が眼に入ってまぶしく感じる

換気扇

便座用コンセント
FL＋250

天井照明

ブラケット照明
FL＋2000
入室時にまぶしくない配置

スイッチ

400
200
1900

ナノイー搭載 LED シーリングライト
人感センサ付き（パナソニック）

（出典：パナソニック株式会社　https://panasonic.
jp/light/products/equipment/toilet.html#lineup）

24 時間換気扇スイッチプレートの例

24 時間換気
入/切

（出典：三菱電機株式会社　https://www.
mitsubishielectric.co.jp/ldg/ja/air/products/
ventilationfan/component/advantage_05.html）

3 換気扇は24時間対応で外観を損ねないように

1 局所換気の必要性

トイレには臭気の拡散防止のために換気扇を設置してください。トイレの窓を開けた状態でキッチンのレンジフードを運転すると、トイレ内の空気が引っ張られて、LDKに流入する恐れがあります。そのため、トイレの換気はトイレ使用時だけでなく、使用後の臭いを排出する残置運転や常時換気が望まれます。通常時は弱で、人が入ると強で素早く換気する人感センサー付きの換気扇もあるので検討するとよいでしょう。

トイレ換気扇が24時間機械換気システムに含まれる場合、本来であればスイッチは必要ありません。スイッチを設ける場合には24時間換気である旨を明記しましょう。

2 必要換気量と機器の選定

建築設備設計基準により、トイレの換気回数を5～15回/hと設定すると、標準的な大きさのトイレで20～60m³/hの換気量が必要となるので、それを考慮して機器を選定しましょう。

また有効換気量は換気扇の能力だけでなく、フードとの組み合わせや防火ダンパーの有無によっても変化します。換気扇は羽根やフィルターが汚れた状態で使用することで、換気風量が落ち、音や消費電力が大きくなる可能性があります。機能を維持するためには定期的なメンテンスが必須です。

3 外観への配慮

特に北側接道の場合、建物正面にトイレの窓、換気扇フードが配置される例が多く見られます。外観やプライバシー保護の観点から、窓や換気扇フードはできる限り正面を避けて設置することが望まれます。

■ 臭いが拡散しやすい例

トイレ換気扇を止めて窓を開けた状態でレンジフードを強運転すると、建具の隙間からトイレの臭気がリビングに流入する恐れがある。トイレの換気扇は常時運転し室内を負圧に保つこと。

■ 外観配慮の例

トイレと階段の配置を反転させて、トイレの窓、換気扇をファサードから外した例。トイレの音や視線も気になりにくい。収納が有効に使えて階段昇降の安全性も向上するなどメリットが大きい。

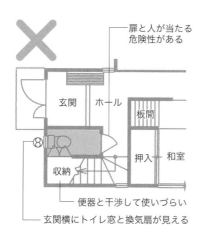

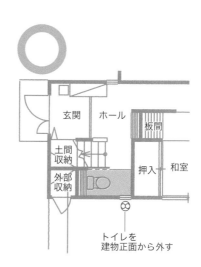

4 高齢者等に必要なトイレの設備

トイレはお客様や高齢者等が無理なく使用できるように、手すりなどの付帯設備も適切に設置しておく必要があります。

1 トイレの配置と空間寸法

❶トイレの配置

高齢者等の寝室のある階には、必ずトイレを設置して下さい。寝室に近いほど便利ですが、その場合は適切な防音対策を施しましょう。専用のトイレであれば室内に設けてもよいでしょう。

汚物を粉砕、圧送することで排水管を細くして、必要に応じて動かすことができる水洗トイレも開発されています(商品名:ベッドサイド水洗トイレ)。ベッドサイドに設置できることで、歩行に不安のある方やベッドの近くにトイレが必要な方も安心です。使用者のみならず、介護者の負担も軽減されます。

❷必要な空間寸法

● 住宅性能評価の高齢者等対策等級3に適合した寸法

長辺内法 1.3m 以上、または便器の前方または側方に、壁との距離 0.5m 以上を確保しましょう。等級4では、等級3の寸法に加えて短辺内法を 1.1m 以上とすること。最高等級の等級5では短辺内法を 1.3m 以上、または便器後方の壁から便器先端までの距離に 0.5m 加えた寸法以上とすることとされています。いずれもトイレ内での反転動作に支障のない空間が求められます。

タンクレストイレの奥行を 700mm とした場合、便器後方から便器先端までの距離はクリアランスを含めて 720mm となります。便器の前方に 500mm を加えると 1220mm なので、一般的な木造住宅の場合、壁芯寸法で 1350mm あれば等級3に必要な空間寸法が確保できます。

■ ベッドサイド水洗トイレ

水洗式なので、においが気にならないうえ手のかかる後始末も不要。移動も可能な後付けトイレ

（出典：TOTO 株式会社　https://jp.toto.com/company/press/2015/04/02_001861.htm)

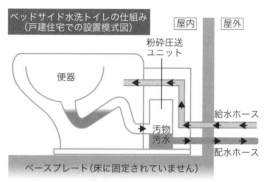

（出典：TOTO 株式会社　https://jp.toto.com/products/ud/bedsidetoilet/structure.htm)

■ 等級 3 に適合したトイレの空間寸法

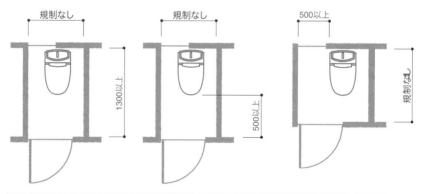

等級5	短辺内法 1.3m 以上。または便器後方の壁から便器先端までの距離に 0.5m 加えた寸法以上を確保する。
等級4	短辺内法 1.1m 以上、かつ長辺内法が 1.3m 以上。または、便器の前方及び側方に、壁との距離を 0.5m 以上確保する。
等級3	長辺内法が 1.3m 以上。または、便器の前方または側方に、壁との距離 0.5m 以上を確保する。

- 介助を前提とした空間寸法

　便器の前方に 0.5m 以上、さらに便器の側方には介助者が使用するスペースとして 0.5m 以上、便座後方には介助者が足を入れるスペースとして 0.2m 以上必要になります。

　これらの寸法が確保されているだけでなく、室内で車イスの切り返しが少なく便器に移乗しやすいように、出入口と便器の配置をレイアウトすることが重要です。

② 手すりの設置

　便座への立ち座り補助の手すり便器に座って右側（利き手側）に設置して下さい。立ち座りは上下動作なので、横型よりもたて型やＬ型の手すりが有効です。

　たて手摺は便器先端から 150 ～ 300mm 離して設置すると引手として使えるので効果的です。便器に近づけすぎると腕力に頼ることになって手すりとしての効果が半減します。

　設置高さは床から 650mm 程度がよいですが、紙巻器、洗浄リモコンとの位置調整が必要です。それぞれを個別に設置するよりも機能一体型（手すり、紙巻器、リモコン）の設置を推奨します。ただし、奥行 300mm 程度のカウンターがある場合、同一面に手すりを設置しても使えないので注意してください。現在必要ない方も、手すり取付け用の下地は設置しておきましょう。

③ その他の配慮

　手洗い付きの便器は、使用時に振り返りの動作が必要で危険です。手洗い器を別に設けると、狭い空間内での動作が少なくてスムーズに行えます。

　出入口扉は開閉時に体の移動が少ない引戸を、便器側面から入室できるように設置すると、トイレ内で体を 180 度反転させる必要がなくなります。その場合、扉開閉時の姿勢保持用として扉横に手すりを設置しておくと安心です。

トイレ便蓋は、便蓋自動開閉機能にすると腰を屈めて開閉操作する必要がないので体の負担が軽減されます。

■ 手すりの配慮

立ち座り補助用

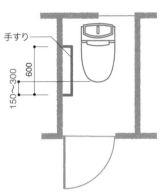

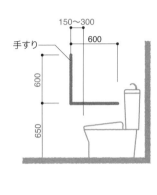

主となるトイレはお客様の利用が前提なので、立ち座り補助用の手すりは必ず設置する。

■ その他の配慮

姿勢保持用

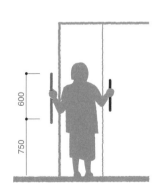

引戸の横には、姿勢保持用の手すりを設置するとよい。

手洗い付便器での手洗い動作

狭い空間内での振り返り動作が必要なので推奨できない。

05 キッチンの設備

　ここでは美しいだけのキッチンでなく、より安全で快適に調理しやすいキッチンの設備と、その選択の方法について考えます。

⌂1 見栄えと実用性を兼ねたキッチンの計画

■1 キッチンの選択フロー

　一般にキッチンは便器や洗面台のように単体で選択する設備ではなく、間取り決定のフローの中で詳細を決めていく設備ですが、海外製やオーダーキッチンを選択するなど、キッチン（LDK）のイメージがしっかりと確立している場合は、キッチンに合わせて間取りを決めていく場合もあります。以下に一般的な選択フローを記載します。

❶ダイニングとの関係を決める

　壁付け、対面、オープンなどキッチンとダイニングのつながりを考えます。

❷形状、サイズを決める

　メインキッチンの形状（I型、L型、アイランド型など）と、メインキッチンの長さ（2.55m　2.7mなど）を決めます。

❸間取りを決める

　キッチンの間取りを承認します。以降は仕様を決める段階になります。

❹主要装備を決める

　加熱機器の種類、食洗器の有無など主な仕様を決めていきます。

❺メーカーを決める

　予算、選択可能な扉の面材、キャビネットの仕様などを総合的に判断してキッチンの発注先（メーカー）を選択します。

❻仕様詳細を決める

　カタログ、ショールームで実際に確認しながら仕様の詳細を決定します。

壁付けタイプ
独立キッチン、ダイニングキッチン
一室の場合に多く用いられるタイプ

（出典①）

対面タイプ（吊り戸棚有り）
吊り戸棚を設けることで独立感を増
し、収納力にも配慮した対面タイプ

（出典①）

オープンタイプ（アイランド型）
島のようにキッチンを配置した、最
も開放性が高いタイプ

（出典①）

対面タイプ（吊り戸棚無し）
ダイニングとの連続性を重視した、
開放的な対面タイプ

（出典②）

オープンタイプ（ペニンシュラ型）
キッチンとの仕切り壁を無くして、
壁に半島状に配置したオープンタイ
プ

（出典③）

（出典①）：パナソニック株式会社 HP
　https://sumai.panasonic.jp/
imgsearch/?product= キッチン & kitchen ＿
series= ラクシーナ

（出典②）：パナソニック株式会社 HP
https://sumai.panasonic.jp/kokusaku/category/
kitchen/pdf/v-style_kitchen.pdf

（出典③）：パナソニック株式会社 HP
https://sumai.panasonic.jp/imgsearch/?product=
キッチン & kitchen ＿ series=L クラス

2 主要装備の選択

❶カウンター素材、高さ

　カウンター天板の素材は、人造大理石またはステンレスが標準的で、人造大理石の高級感に対して、ステンレスにはシャープな印象があります。どちらも選択できるメーカーが大半ですが、ステンレスしか取り扱っていないメーカーもあります。一般的にステンレス天板の方が費用は抑えられます。

　カウンターの高さは、使用する人の身長によって80cm、85cm、90cmと選べるメーカーが多いようです（身長／2＋5cmが目安）。

❷加熱機器の仕様選択

　加熱機器にはガスとIHがあります。

　ガスのメリットは火力が強い、ゴトクが頑丈なので天板が割れるようなことがない、調理器具を選ばない、初期コストが安いなどが挙げられます。ガスのグリルには水なし両面焼き、片面焼きタイプがあります。

　IHのメリットは、コンロの部分をうっかり触って火傷をすることはあっても、火を使わないので火災のリスクが少ない、天板がフラットでお手入れが楽にできる、キッチンに熱がこもりにくいなどが挙げられます。IHのグリルにはヒーターを使ったもの、IHを使ったものがあります。

　IHのデメリットは使える調理器具に制限があることです。オールメタル用、鉄・ステンレス対応のIHであっても、材質や鍋底の形状によっては使えないものがあるので注意しましょう。

❸レンジフードの仕様選択

　レンジフードの種類は取り付けるキッチンのタイプにより、壁付けタイプ（対面タイプ、ペニンシュラ型）、センタータイプ（アイランド型）に分かれます。

　壁付けタイプは問題ありませんが、アイランドキッチンのように直接外気に排気できない場合はダクトの納まり上、室内の一部に下がり天井が必要になる場合があります。見栄えが良くないので、その納め方を事前に十分検討しておきましょう。

　換気の仕様には換気連動タイプ（加熱機器のスイッチに連動）や常時換気

■ キッチンカウンターの高さ選択の基準

身長に比べて、カウンターが低いと前かがみの姿勢になって腰に負担がかかり、高いと肩や肘に負担がかかる。スリッパなどを履いて調理する際はその高さも考慮する。

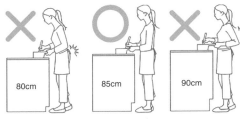

80cm	85cm	90cm
ワークトップが低いと姿勢が前屈みになって腰に負担。	ワークトップの高さが合っているとラクな姿勢で作業できる。	ワークトップが高いと肩や肘が上がって、肩や腕の筋肉に負担。

身長 160cm の方が作業しやすい高さ

$$160cm \div 2 + 5 = 85cm$$

（出典：リクシル　https://www.lixil.co.jp/lineup/kitchen/hint/system/）

■ IH ヒーターで使えない鍋

すべての IH ヒーターで使える鉄・ステンレス鍋

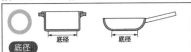

底径
左右 IH…12〜26cm　HS20AP…12〜23cm
後ろ IH…12〜28cm　12C/11C…12〜26cm

底の形状
平らでトッププレートに密着するもの

約 3mm 以上の反りがあるもの、脚があるもの、底の丸いものは使えません。※1※2

※1 安全機能が正しく働かなかったり、火力が弱くなったり、加熱できなかったりするものがあります。
※2 鍋底が薄すぎるもの、反っているものは、空焼き・強火の加熱で赤熱・変形する場合があります。
※3 大きな鍋で多量の湯を沸かすと沸騰しないことがあります。

オールメタル対応 IH ヒーターのみで使える銅・アルミ鍋
（非磁性金属のみで構成された多層鍋を含む）

重さ
アルミは、調理物と合わせて 700g 以上
・軽いと鍋が動くことがあります。

底径
15〜26cm※3
〈底径が小さいと〉
・安全機能が働いて、通電を停止することがあります。
・火が弱くなります。

底の形状
平らでトッププレートに密着するもの
・アルミ製のフライパン・玉子焼き器は、底の厚い鋳造品を使う。
・アルミ鍋での炒め物・空焼きを避ける。鍋底が変形しやすくなります。

約 2mm 以上の反りがあるもの、脚があるもの、底の丸いものは使えません。※1※2

（出典：パナソニック株式会社 HP https://sumai.panasonic.jp/ihcook/guide/nabe/nabe.html）

タイプ（24 時間換気システム対応）、同時給排気機能タイプがあります。同時給排気タイプについては 128 頁を参照してください。

❹その他の仕様選択

● 食器洗い洗浄器

内閣府の調査によると、2019 年 3 月における食洗器の普及率は約 35％ですが、家事が時間短縮し、手洗いに比べて高度な洗浄力があり、1 回あたり 70L 以上も節水するなどエコロジーな設備でもある食器洗い洗浄器は、今後ますます普及率が上がるでしょう。国内メーカーに比べて初期費用は高くつきますが、容量が大きく、高い洗浄力が魅力の欧州メーカーの商品も人気です。

● 水栓

隠すキッチンから見せるキッチンに変化するにつれ、通常のシャワー混合水栓の他に、グースネックなどと呼ばれる意匠性の高い水栓も普及してきました。手を近づけるだけで水の出し止めができるなど、機能的にも進化しています。健康志向の表れからか、水素水生成器をキッチンに組み込む家庭も増えてきました。

● 吊り戸棚

対面キッチンの吊り戸棚をなくして、より開放的にする例が多くなりましたが、収納量を考えると吊り戸棚は必須です。吊り戸棚はキッチンのすぐ上にありながらも、取り出しにくい高さにあるため、電動昇降、昇降アシスト機能付きの吊り戸棚にしてより有効に活用してみてはいかがでしょうか。食器乾燥機機能が付いた吊り戸棚もあります。

● ダストボックス

地域によってごみの分け方は異なりますが、分別数だけのゴミ箱（袋）をキッチンの通路に置くと見栄えが悪く、作業しにくく、キッチンのキャビネット等を開閉する度に移動させる必要があるなど大変非効率的です。
サブキッチンを計画する際にはゴミ置き場も計画に含めてください。サブキッチンカウンターの下にスッキリと納まる、ワゴンタイプのダストボックス（幅 600 ～ 900）が選択できる仕様もありますので、検討してみる

とよいでしょう。家庭用の生ゴミ処理機置き場（幅300、奥行400、高さ600程度）もあれば便利です。生ゴミ処理機にはコンセントが必要です。

食洗器普及率

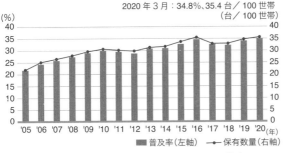

2020年3月：34.8%、35.4台／100世帯

（出典：内閣府 消費動向調査(消費者態度指数)を基にGD Freak!が作成
https://jp.gdfreak.com/public/detail/jp010010005080100008/1）

グースネック水栓の例

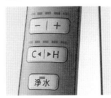

グースネック水栓（出典：パナソニック株式会社HP
https://sumai.panasonic.jp/kitchen/concept/
detail.php?id=SlimTap）

昇降型吊り戸棚の例

手動タイプ

（出典：パナソニック株式会社
https://sumai.panasonic.jp/kitchen/concept/detail.
php?id=Storage）

電動タイプ

（出典：パナソニック株式会社
https://sumai.panasonic.jp/kitchen/concept/detail.
php?id=Storage）

ダストボックス

（出典：パナソニック株式会社
hhttps://sumai.panasonic.jp/kitchen/enjoy/vol01.html）

生ゴミ処理機の例

（出典：パナソニック株式会社
https://panasonic.jp/garbage/p-db/MS-N53.html）

② 調理しやすい照明とコンセントの配置

1 照明配置計画

　キッチンに必要な明るさは全般照明100lx、調理台や流し台の上が300lxとされています。さらに、キッチンの照明には演色性と呼ばれる、食材や食器の色の見え方も求められます。

❶ ダイニングと天井が連続しない場合

　対面タイプ（吊り戸棚付き）や独立型キッチンのように、他の空間と天井が連続しない場合は、キッチン単独で計画できます。

　主照明はキッチンの空間形状に合わせて、細長い形のシーリングライト（昼白色）にすると均一に明るく、かつ食材の色も自然に近く見せることができるので効率的です。器具は吊り戸棚の扉と干渉しないように、天井に埋め込むなど配慮しましょう。

　流し元灯は吊り戸棚下部に埋め込むとダイニングから見えにくく、眩しくありません。手をかざすだけでオンオフできるタッチレスタイプにすると、手が汚れていても気にならないので便利です。

❷ ダイニングと天井が連続する場合

　対面キッチン（吊り戸棚無し）やオープンキッチンのように、他空間と天井が連続する場合は、つながった空間と意匠を合わせて計画しましょう。

　16畳(3.64m×7.28m)の縦に長いLDKの場合、60W相当の器具で20灯、100W相当では12灯程度あれば十分な明るさが確保できます。シンクの上を起点にダイニング、リビングに至るまでの空間にバランスよく器具を配置することを考えましょう。

　平面図優先で配灯計画すると、シンク、通路・作業スペース、食卓、ソファ、センターテーブル、テレビなどの明るさが必要な設備や家具の上に集中して配灯しがちです。その結果、照明のレイアウトに統一感がなくなり、天井面が美しく仕上がりません。均一な照度も保ちにくくなります。

シンク上に2灯、作業スペースの上に3灯、計5灯のダウンライトを設置した例を多く見かけますが、器具の芯がずれていて、それぞれの光色が違う場合もあるなど大変違和感を与えます。

■ キッチンのダウンライト配置例

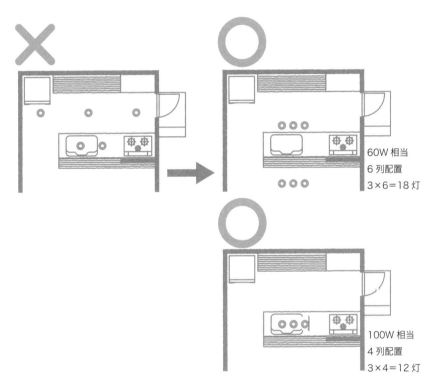

60W 相当
6列配置
3×6＝18灯

100W 相当
4列配置
3×4＝12灯

明るさが必要なシンクと通路の上にそれぞれ必要なだけ配灯した結果、天井面が美しくない、空間が明るすぎるなど問題点がある。
16畳縦長のLDKであれば、60W相当の器具で3灯×6列。100W相当で3灯×4列配灯すればよい。

2 コンセント配置計画

　固定して使う家電はサブキッチン側、移動して使う家電はメインキッチン側に置くことを前提にコンセントの配置を計画します。家電用のコンセントはアース付きで、その消費電力が 1000W 以上、200V 機器の場合は専用回路で計画しましょう。

　冷蔵庫用のコンセントは、低くて見えない位置にするとコンセントに埃がたまって火災につながる恐れありますので、冷蔵庫より少し高めの FL ＋ 1.9m 程度に設置しましょう。

　電子レンジ、炊飯器、電気ポット、トースターなど固定して使う家電は家電収納棚、またはサブキッチンカウンターの上に設置します。先の 4 つの家電を並べて設置するには 1.5m 以上の長さのカウンターが必要です。

　2 口コンセントは、コンセント容量（1500W）を超えないように使用して下さい。電気ポットとコーヒーメーカーを同時使用しても、機器によっては 1500W を超える恐れがあります。家電収納棚への電気配線は、付帯するコンセントの仕様に合わせて下さい。

　フードプロセッサーやサブキッチン側に置けなかった家電（コーヒーメーカー等）、持ち運びして使う家電用のコンセントはキッチン側に設けましょう。キッチン本体にコンセントが付属しているタイプもあります。通常は 2 口あれば十分ですが、ダイニングで使う家電用（ホットプレート等）のコンセントを兼ねる場合などは、必要に応じて数を増やしましょう。

　キッチン新設時に、IH ヒーターと食器洗浄器を装備しない場合でも、将来のリフォーム用に電源（コンセント）を用意しておきましょう。国内製の食器洗浄器は 100V が標準ですが、海外製は 200V が標準です。IH には 200V30A タイプが必要です。それぞれ専用回路で準備しておきましょう。

■ コンセント、ブレーカーの容量

コンセントは 15A、分岐ブレーカーは 20A までしか使えない。
図の状態で家電を同時使用する場合、各々のコンセントは 15A 以下なので問題ないが、分岐ブレーカーの回路で 20A を超えるため、ブレーカーが落ちて使えない。
電子レンジのコンセントを専用回路にする必要がある。

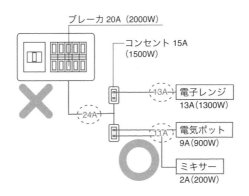

家電製品名	消費電力
電子レンジ	1300W
オーブントースター	1200W 〜 1350W
炊飯器	350W 〜 1200W
ホットプレート	1300W

家電製品名	消費電力
ミキサー	120W 〜 200W
電気ポット	700W 〜 1000W
コーヒーメーカー	450W 〜 650W
冷蔵庫	150W 〜 500W

■ 家電置き場に使うカウンター員さ

固定して使う家電の設置場所は、家電棚、カウンター、家電棚＋カウンターのいずれかである。家電品の幅をレンジ 500mm、トースター 350mm、炊飯器 280mm、ポット 220mm とすると、合計で 1350mm になる。

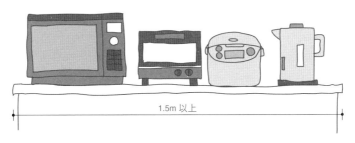

イラスト：小山幸子

⌂ ③ より安全に快適に調理するための設備

キッチンにあれば嬉しい設備と、その設置のポイントについて考えます。

① 床暖房

冬の朝のキッチンは特別に冷え込みます。狭いスペースなので、ファンヒーターなどの置き型暖房器具は邪魔になり、リビングのエアコンをつけたところで部屋が暖まるには時間がかかります。そのような場所の暖房設備としては埃を立てることがなく、火も使わない床暖房が最適です。

床暖房の特徴は 52 頁に記載している通りですが、対面式キッチンの場合など敷設面積が狭く、時間を区切って使用する空間の床暖房には、施工性が良く初期コストも安い電熱線式の床暖房を選択する方が多いようです。床下収納庫との併用は難しいので注意しましょう。

② 感知警報装置とガス漏れ警報器

感知警報装置は煙または熱を感知して火災を知らせる機器で、品確法の感知警報装置対策等級 2 では台所への設置が必須です。台所には主に熱式が用いられます。

ガス漏れ警報器はガス漏れを感知して知らせる機器です。LP ガスの場合は床面から 300mm 以内（警報器の上端まで）でコンロから 4m 以内、都市ガスの場合は天井面から 300mm 以内（警報器の下端まで）でコンロから 8m 以内に設置しましょう。

いずれの機器も台所への設置が法律で義務づけられてはいませんが、相互に性能を補完するものではないので、特に高齢者等が生活するガス設備をお使いの家庭ではどちらも設置するとよいでしょう。

③ スピーカー付きダウンライト

ラジオをお供に、調理や家事仕事をしているお母さんは多くおられます。

スピーカー付きのダウンライトをキッチンに設置すれば、スマホを音源とした音楽やラジオ、離れていて聞こえにくいテレビの音もキッチンで楽しむことができるようになります。

■ ガス警報器設置基準

都市ガスは天井付近、LP ガスは空気より重いので床に近いところに設置する。
ガス警報器には、ガス漏れを検知するだけでなく、火災や CO（一酸化炭素）も検知できる複合型の警報器もある。

都市ガス用ガス警報器（一体型）

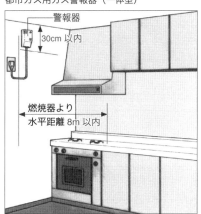

LP 用ガス警報器（一体型）

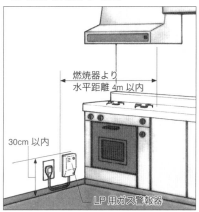

（出典：ガス警報器工業会　http://www.gkk.gr.jp/user_alm_list.html）

■ スピーカー付きダウンライト

　ダウンライト間隔は 250mm 程度がよいが、スピーカー付きのものは 800mm 離して設置するのが推奨されている。
　器具の意匠性が一般のダウンライトとは異なるため、並べて配置するのは避ける。

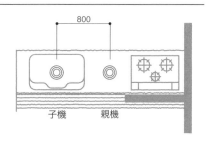

4 同時給排気レンジフードと差圧感応式給気口

同時給排気式レンジフードは給気機能を持つレンジフードで、排気と同時に給気口が開き、レンジフードの幕板からある程度の給気がまかなえる設備です。排気は機械による排気で、給気は室内が負圧になることにより室外の空気を取り込む自然給気です。

差圧感応式給気口（150 Φ）はレンジフードを運転した際に、その差圧を感知してシャッターが開閉することで必要な外気を取り入れるシステムです。これらの設備を設置する効果と注意事項は次のとおりです。

❶一時的な給気量不足の改善

レンジフードを強運転した際に、通常の排気量と比べてはるかに多い排気量によって、一時的に給気量が不足してしまい、扉の開閉に支障が出るなどの不具合が発生する場合があります。差圧感応式給気口、同時給排気レンジフードを設置することで給気量が増えて、室内の過ぎた負圧が改善されます。

❷冷暖房負荷の軽減

レンジフードを運転すると、リビングやダイニングの給気口から冷暖房されていない外気が取り入れられます。それがキッチンまで引っ張られる空気の流れになるため不快に感じます。また、せっかく冷暖房した空気が大量に排出されるため冷暖房負荷も上がります。

同時給排気タイプのレンジフードや差圧感応式給気口をキッチンに設置すると、レンジフードの排気による空気の流れがキッチンだけでほぼ完結するので、リビングやダイニングに与える影響が少なくて済みます。

❸設置上の注意事項

レンジフードの排気口と差圧感応式の給気口、同時給排気式レンジフードの排気口と給気口は、いずれもショートサーキット（排気した汚れた空気が再び室内に流れ込む）が起きにくくなるようにできるだけ離すことが重要です。

差圧感応式給気口をキッチンに設置する場合は位置が限定されます。足元や天井付近は収納等があって難しいので、レンジフードの排気口から離れた位置にある冷蔵庫上部に設置する例が多いようです。

5 床下点検口と収納庫

床下の点検用を兼ねて収納庫を設置する場合、蓋ががたつくなどの恐れが
あるので、シンク前など長時間作業する場所への設置は避けましょう。

■ 差圧感応式給気口の仕組み

レンジフード運転時に、室内外の圧
力差を感応してシャッターが開閉し
給気するシステム。外気遮断モード、
自然給気モードも選択できる。

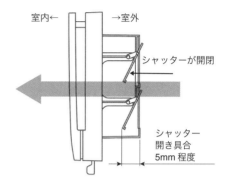

室内← →室外

シャッターが開閉

シャッター
開き具合
5mm 程度

（出典：パナソニック株式会社　https://sumai.panasonic.jp/
parts/upload/pdf_manual/DRV624020B.pdf）

■ 同時給排気式レンジフード

給気と排気のイメージ

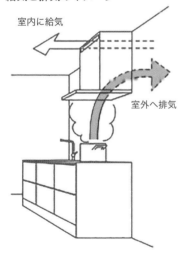

室内に給気

室外へ排気

（出典：株式会社 LIXIL　https://www.lixil.co.jp/
lineup/kitchen/hint/selection/）

ウェザーカバー

給気方向　　　排気方向

専用のウェザーカバーは、給気と排気を
逆方向に誘導できるのでショートサー
キット対策として有効である。

（出典：富士工業グループ　https://www.fujioh.com/
product/option-detail?id=182 ）

同時給排気機能付き
のレンジフードは、
運転時の室内の一
時的な負圧を改善
する他、省エネに
も効果がある。

（出典：パナソニック株式会社 HP
https://panasonic.jp/catalog/ctlg/fan/fan.pdf）

06 リビング・ダイニングの設備

　その昔、一般的な家庭でよく見られた、リビング兼ダイニング、かつ寝室としても用いられた「茶の間」と呼ばれた空間が、現在はそれぞれ個別の役割が与えられ独立した部屋となりました。リビングは家族くつろぎの間として、間取りを考える上で最優先の必要不可欠な空間となっています。

　リビングの主役はテレビで、それを囲むようにソファが配置されるのが一般的なレイアウトです。家族そろって同じ番組を見て寛ぐ日常は、今もよく見られる光景ですが、インターネットの普及等により、家族で寛ぐスタイルが個々で寛ぐ、楽しむスタイルへと大きく変革しつつあります。そうした時の流れを受けて、リビング、ダイニングのあり方も大きく変わろうとしています。ここでは新しいリビング、ダイニングのスタイルで考えた、あれば嬉しい、なくては困る設備等について考えてみました。

1 短くなるテレビの最適視聴距離

　インターネット、携帯端末で自分好みの動画がいつでも視聴できる時代ですが、やはりテレビはリビングになくてはならない存在です。

　テレビはブラウン管からプラズマを経て、液晶テレビへと主流が移り、厚みが薄くなり、大型化しました。そして今は4K、8Kと呼ばれる高画質時代を迎えました。

　4Kはフルハイビジョンの4倍も高精細なテレビです。ブラウン管テレビの最適視聴距離がテレビ画面高さの5〜7倍に対して、フルハイビジョンテレビは3倍、4Kでは1.5倍まで近づいても美しく見ることができます。

　例えば85インチテレビ（画面高さ110cm）を視聴しようとすれば、従来は3.3m必要だった視聴距離が1.65mで済むということです。最新のテレビは縁の部分が小さく圧迫感も少ないので、コンパクトなサイズのリビングにも対応できます。

■ くつろぎのスタイルの移り変わり

床座も可能な仕上げ材の上で寝転んだり、お気に入りのチェアやソファを好きな場所に持ち運ぶなどして、個々で楽しむ。時には集合してテレビで楽しむ。フリーアドレススタイルのようなリビングの使い方。

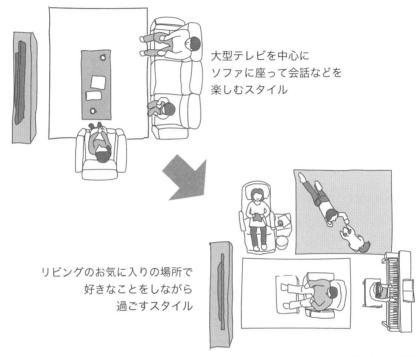

大型テレビを中心に
ソファに座って会話などを
楽しむスタイル

リビングのお気に入りの場所で
好きなことをしながら
過ごすスタイル

イラスト：小山幸子

■ 最適視聴距離

テレビ	最適視聴距離
フルハイビジョン	3A
4K	1.5A

⌂2 ホームシアターを楽しむための設備計画

　家族の集いの場をダイニングキッチン（ファミリールーム）に移して、リビングを応接室、趣味の空間として活用するのはいかがでしょうか？　そこではお酒を片手に高音質の音楽や、ホームシアターで映画を楽しむなど、従来のリビングとは一線を画す大人の楽しみがあります。お酒好きにはバーの設備があれば言うことなしです。

1 必要な機器と選択の基準

● **ディスプレイの選択**

　ディスプレイは直視型か、プロジェクター＋スクリーンのいずれかです。後者の場合は、部屋の大きさ、形状、投影したいスクリーンのサイズなどを検討して、最適なシステムを選択します。画質を特に求めない場合は、白いクロス貼り等の壁さえあればスクリーンは不要です。

● **スピーカーシステムの選択**

　基本の5.1chサラウンドと呼ばれるシステムは、前方スピーカー×3本、後方スピーカー×2本、低音域スピーカー×1本の組み合わせです。更に2本のスピーカーを組み合わせて7.1chシステムへグレードアップすることも可能です。2.1ch、3.1chシステムは安価で6畳ほどのスペースがあれば設置できます。

● **AVアンプの選択**

　最後にこれら複数のスピーカーを再生するAVアンプを選択し、ブルーレイディスクプレイヤーなどの映像再生機器と接続すれば完成です。

● **施工上の注意事項**

　天井吊りタイプのプロジェクター、スクリーン、スピーカーを使う場合には天井下地の補強が必要になります。5.1ch以上のスピーカーシステムであれば、壁を仕上げる前に配線（配管）工事を済ませるか、無線で対応するかなど、配線の見栄えが悪くならないような配慮も必要です。

5.1ch サラウンドのイメージ図

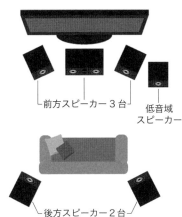

前方スピーカー 3 台　低音域スピーカー

後方スピーカー 2 台

（出典：株式会社オプテージ　eonet https://support.eonet.jp/connect/tv/link/tz-dch820/audio.html）

スクリーンの大きさと推奨視聴距離

スクリーンサイズ		推奨視聴距離
80 インチ	1771 mm × 996 mm	2.0 〜 2.4 m
90 インチ	1992 mm ×1121 mm	2.5 〜 2.7 m
100 インチ	2214 mm ×1245 mm	2.8 〜 3.0 m
110 インチ	2435 mm ×1370 mm	3.1 〜 3.3 m
120 インチ	2657 mm ×1497 mm	3.4 〜 3.6 m
130 インチ	2879 mm ×1619 mm	3.7 〜 3.9 m
140 インチ	3100 mm ×1714 mm	4.0 〜 4.2 m
150 インチ	3322 mm ×1869 mm	4.3 〜 4.5 m

参考プラン

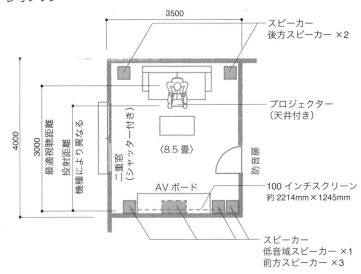

2 防音設備について

　ホームシアターを設置するに際し防音対策は必須です。例えばサックスやドラムなどの楽器を演奏する場合、高音量でカラオケに興じる場合などは、本格的な防音室、定型タイプの防音室が必要ですが、ここでは映画や音楽などを楽しむにあたっての最低限必要な設備についてまとめます。

　外壁の防音対策は、外壁自体の防音レベルを上げるより、開口部の遮音性能を強化する方がはるかに効果的です。窓の数や大きさは建築基準法で定める、採光・換気に必要な最低限度にして、JIS 規格で規定された遮音性の最高等級である T-4 レベルのサッシ（2重サッシ）を設置しましょう。

　さらに明るさへの対策としては、シャッターを設置して厚手のカーテンを付けるなどしましょう。

　内部建具は防音扉にしてください。建具選択の際も、サッシと同様に JIS 規格で規定された等級を参考にするとよいでしょう。間仕切り壁はプラスターボードを両面2枚貼りし、遮音シートやグラスウールを挟み込むなどで、遮音性能を界壁レベルまで上げることが必要です。天井も同様にプラスターボードの裏に 100mm 以上のグラスウールを敷き込むなどして遮音性能を上げましょう。

　24 時間換気システムにおける給気口や換気扇などが必要な場合は、防音タイプのものを選択しましょう。

■ 定型タイプの防音室の例

0.8 畳タイプから、グランドピアノを使ったレッスンも可能な 4.3 畳タイプまでバリエーションがある

（出典：ヤマハ株式会社　https://jp.yamaha.com/
products/soundproofing/ready-made_rooms/size_20-
25/index.html）

6 畳間への設置例

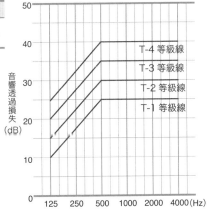

■ サッシ、防音扉の遮音性能

遮音等級

等級	T-1	T-2	T-3	T-4
500Hz 以上の遮音性能	25dB	30dB	35dB	40dB

T-4 レベルのサッシは二重サッシのみ

遮音等級線

遮音性能の目安

騒音レベル dB		40	50	60	70	80	90
環境		郊外深夜	静かな公園	静かな事務所	デパートの中	街頭騒音	街頭雑踏交差点	新幹線飛行場周辺
		静か	日常生活に望ましい		うるさい		極めてうるさい
遮音性能の目安	T-1							
	T-2							
	T-3							
	T-4							

③ 暮らしに適した照明で無駄なく過ごす

　読書、テレビ鑑賞、裁縫などの作業、語らい、ホームシアター、バータイム、宿題、ゲーム等。リビングやダイニングでの過ごし方が変わりつつある現在、照明メーカー各社が提案する、暮らしのシーンごとに適した明かりを簡単に操作できるシステム（ライトコントロールシステム等）は是非とも採用を検討したい設備です。

■1 多灯分散方式とライトコントロールシステム

　全般照明に加えて、ブラケット照明、フロアスタンド、間接照明などの多灯分散方式にすると、いろいろな雰囲気が楽しめて省エネにもつながることはよく知られたところですが、ライトコントロールシステムはまだ十分に普及しているとは言えません。

　ライトコントロールのメリットは、省エネ以外にもシーンに合わせた光の演出が「簡単」にできる、スイッチが「1枚のパネルに納まる」などが挙げられます。シーンに適した明かりとは、具体的には、朝食時、夕食時、テレビ鑑賞、団らん、ホームシアターなどに適したもので、システムによって複数のシーンが記憶でき、スイッチを入れるだけで再現させることができます。

　ライトコントロールシステムの選定にあたっての注意事項は、リモコン対応型の器具や他メーカーの器具とは混在して接続できないこと、回路数に限りがあること、LED器具を調光、調色するには対応可能な器具を選択することなどが挙げられます。メーカーによってシステムの違いもあるので計画段階から十分な協議が必要です。

■2 ペンダント照明の配置

　ダウンライト中心の配灯が多くなる中で、ダイニングの照明には食材を美しく見せることだけでなく、インテリアのアクセントとしても効果があるペンダント照明も検討してみましょう。

ペンダント照明の配置のポイントは、大型のものであれば1灯、小型のものであれば2〜3灯をダイニングテーブルの中心にバランスよく配置することです。設置高さはテーブル天端＋70cmが目安ですが、高すぎると眩しく、低すぎると目障りになってテーブルの端が暗くなる恐れもあるので、最適な高さに微調整できるようにしておきましょう。

　シェードの大きさは、テーブル長さの1/3程度にするとバランスが良いとされます。1.8mの食卓を1灯で照らす場合は、60cm程度のシェードを目安に選択しましょう。

■　多灯分散方式の例

ライトコントロールシステムは、多灯分散方式の照明をシーンに合わせてコントロールできる。光の演出が容易で、節電にもつながる。

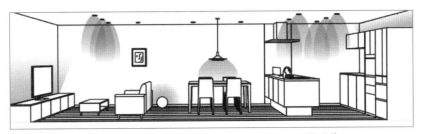

（出典：パナソニック　https://sumai.panasonic.jp/lighting/home/living-lightcontrol/#Rtab3）

■　ペンダント照明の配置例

3灯配灯の場合、両端の照明器具は等分でなく、少し内側に入れてもよい。照明器具の意匠性も考えて間が抜けないように配灯する。

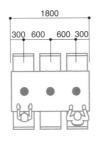
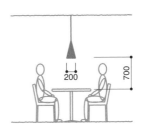

⌂4 便利なコンセントでストレスなく暮らす

1 ダイニングのコンセント配置

　ダイニングテーブルで使う家電としては、ホットプレート、電気鍋、IH ヒーターなどの調理家電の他、ノートパソコンを使用して家計簿などを作成することも考えられます。ダイニングにはダイニングテーブルから使いやすい範囲に、2口コンセントを2ヶ所以上配置すればよいでしょう。

　コンセントが通路側の壁（A）にあると、コードを足に引っ掛ける恐れがあるので、対面カウンターの下（C）に設置しておくと、安全でかつ目立ちにくくてよいでしょう。

　うっかり引っ掛けても簡単に外れるマグネットコンセントは、抜き差しに力が要らないので高齢者向きの設備でもあります。

　ダイニングに電話やFAXを設置する場合は、スマートホン、タブレット端末の充電スペースも設けておきましょう。充電スペースにUSBコンセントを設置しておけば、電源アダプターを使って充電する必要がなくなるので便利です。USBコンセントには1口タイプ、2口タイプの他、コンセントと組み合わせるタイプもあります。

2 リビングのコンセント配置

　リビングで使う家電の種類としては、テレビとその周辺機器、パソコン、ステレオ、フロアスタンド、エアコン、お掃除ロボット用充電器など一年中固定して使う家電の他、扇風機、空気清浄機、加湿器、ファンヒーターなどの季節家電、ノートパソコン、掃除機など持ち運びして使う家電などがあります。

　リビングに必要なコンセントの数は、固定して使う家電用の他、持ち運びして使う家電用として、2畳に1ヶ所の割合で2口コンセントを部屋の対角などにバランスを考えて配置しましょう。10畳のリビングの場合、2口コンセント4〜5ヶ所が目安です。

■ ダイニング　コンセント等の配置例

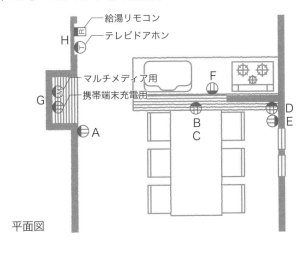

平面図

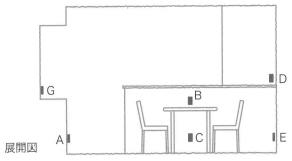

展開図

コンセント位置の評価

A：通路を挟むので引っ掛ける恐れがある

B：抜き差ししやすいが、テーブルの上にコードがたまりやすい

C：抜き差ししにくいが、机の上がスッキリする

D：インテリア小物などを置く場合は便利

E：椅子の後ろなので使いにくい

F：キッチン、ダイニング双方から使える

G：奥行450mm以上あれば固定電話機、FAXだけでなく、携帯電話なども設置できる

H：キッチン、ダイニングから操作しやすい位置に設置するとよい

　　壁をくぼませると、機器の出っ張りが軽減される

情報分電盤を設置して、各室にマルチメディア対応用コンセント（インターネット、テレビ、電話の差し込みを1つのプレートにまとめもの）を設置しておけば、リビングだけでなく寝室、子供室でもテレビ、電話、インターネットが楽しめます。4K、8K衛星放送に対応したタイプも選択できます。

無線LANは便利ですが、ルーターからの距離などによって、部屋ごとに通信速度や確実性が異なります。有線接続にしておくと、家中どこにいても高速通信で確実性が高いため、ゲームや動画を十分に楽しむことができます。壁内に事前配線しておくことですっきりと納まります。

その他、シーズンオフのエアコンなどの待機電力節約には、スイッチ付きのコンセントが便利です。プラグを抜く必要がないので手間が省けます。各室のエアコンの他、炊飯器用にもおすすめです。

5 その他必要な設備

❶テレビドアホン親機
キッチン、ダイニングから使いやすい場所にあると便利です。設置高さは高齢者等でも画面が見やすいFL＋1450mm程度にするとよいでしょう。

❷給湯リモコン
お知らせや通話機能の声が聞こえる、キッチンから使いやすい場所に設置しましょう。隣り合った場所にあるテレビドアホン、スイッチなどと高さや並びを合わせるなどして、美しくレイアウトして下さい。

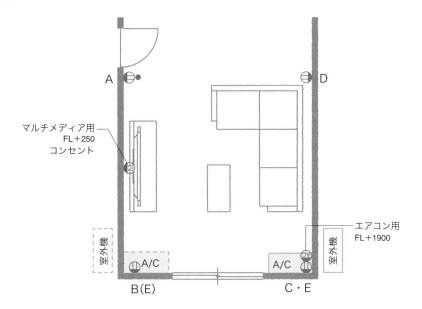

マルチメディア用
FL＋250
コンセント

エアコン用
FL＋1900

室外機

A/C

B(E)

室外機

A/C

C・E

A

D

コンセント位置の評価

A　　：出入口横（スイッチの下部）なので物で隠れる可能性が少ない

B・C：フロアスタンド、パソコンデスクを置く場合に便利

D　　：ダイニング、リビング双方から使える

E　　：エアコンは部屋の短辺方向に設置すると効率的
　　　　部屋の見栄えや外観（室外機）も考慮に入れて設置位置を検討する

07 寝室の設備

　子育て世代と高齢者等では寝室に求める機能の優先順位は異なります。前者は子供との関わり合いや家事の効率性、後者は水回りへの利便性や安全性が優先されます。ここでは各世代において安全で使いやすく、良質な睡眠を得るための設備について考えます。

⟨1⟩ 健やかな睡眠のための照明とコンセントの配置

1 照明配置計画

　寝室の照明配置の基本はベッドに横になった姿勢で眩しくないようにすることです。シーリングライトは拡散光を得やすいシェードを選ぶか、間接照明が得られるものがよいでしょう。ダウンライトをつける際も光源が目に入りにくいように足元に配置します。

　太陽の動きと同じで、活発な昼の時間帯は天井からの光、夕方以降は床に近い位置からの光が人にとって自然な光といえるので、フロアスタンドのような低い位置の明かりは寝室に最も適した明かりといえます。

❶色温度・照度

　電球、蛍光灯の色はメーカーによってその表現が異なりますが、一般に色温度の低い順に電球色→温白色→白色→昼白色→昼光色と分類されます。電球色はオレンジの色の光で、最も色温度の高い昼光色は青白い光になります。色温度の高い光源は覚醒作用があるので、寝室には電球色、温白色の光源がふさわしいでしょう。

　JIS照明基準によると寝室の照度は15 〜 30lx がよいとされますが、読書に必要な照度は300 〜 750 lx とされます。寝室は就寝だけの場所ではないので、必要に応じて明るさを調整できる調光機能付きの照明や、多灯分散式の照明にして明るさを調整できるようにしましょう。

❷便利で安心・安全な照明設備

　夜間、トイレなどへ行く際、扉付近に足元灯があると安心です。取り外し

8畳間に100W相当のダウンライト4灯では、読書等に必要とされる照度には若干届かないが、電気スタンド等の局所照明で照度を確保できれば、必ずしもその数値にこだわる必要はない。

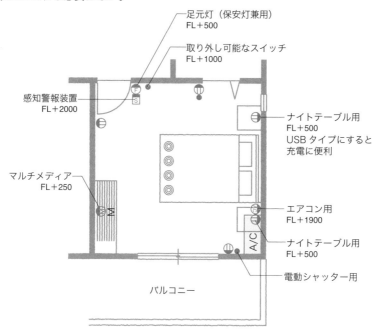

足元灯（保安灯兼用）
FL＋500

取り外し可能なスイッチ
FL＋1000

感知警報装置
FL＋2000

ナイトテーブル用
FL＋500
USBタイプにすると
充電に便利

マルチメディア
FL＋250

エアコン用
FL＋1900

ナイトテーブル用
FL＋500

電動シャッター用

バルコニー

寝室に適した照明設備の例

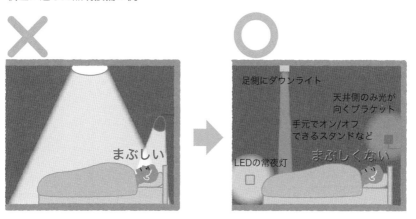

まぶしい

足側にダウンライト

天井側のみ光が
向くブラケット

手元でオン/オフ
できるスタンドなど

LEDの常夜灯

まぶしくない

て保安灯として使えるものや、停電時に自動点灯するものもあります。

　スイッチは、ベッドから操作できるように枕元にあると便利で、非常時にも安心です。リモコンを使って操作する場合は、ナイトテーブル（サイドテーブル）にリモコン置き場を確保しましょう。壁スイッチを外してリモコンとして持ち運びできる便利なスイッチもあります。

　高齢者等の寝室の場合、スイッチの高さは車椅子でも操作しやすい FL ＋ 1000mm にするとよいでしょう。

2 コンセント配置計画

　寝室で使う家電の種類は、一般的にほぼリビングと同様です。

　テレビ、パソコン、ステレオ、フロアスタンド、エアコン、部屋干し専用ファンなど一年中固定して使う家電の他、扇風機、空気清浄機、加湿器、ファンヒーター、ノートパソコン、掃除機、アイロンなど持ち運びして使う季節の家電などが使われます。

　寝室に必要なコンセントの数は、固定して使う家電用の他、持ち運びして使う家電用として、2畳に1ヶ所の割合で2口コンセントを部屋の対角などにバランスを考えて配置しましょう。8畳の寝室の場合、2口コンセント3〜4ヶ所が目安です。センターテーブル（サイドテーブル）には電気スタンド用、携帯電話充電用にコンセントを設けておくと便利です。

　高齢者等の寝室の場合、コンセントの高さは車椅子でも抜き差ししやすいFL ＋ 400mm にするとよいでしょう。

■ 電球、蛍光灯の色と色温度の関係

赤っぽい ⟷ 青白っぽい
色温度低い　　　　　　　　　　色温度高い

電球色	温白色	白色	昼白色	昼光色

■ リモコンに使えるスイッチの例

普段は　　　　　　おやすみ前など　　　　　ベッドから

イラスト：小山幸子

■ 保安灯にも使える足元灯の例

寝室　　　　　リビング・ダイニング　　　階段

イラスト：小山幸子

⌂2 安全・安心な就寝のための設備

　寝室になくてはならない、あれば嬉しい設備とその設置のポイントについて考えます。

1 エアコン

　掃き出し窓等の大きな開口部の前を重点的に冷暖房するのが効果的です。ただし、就寝中に直接風が当たらないように、ベッドとの位置関係にも配慮が必要です。

　エアコンを2階に設置する場合は、室外機の場所や配管ルートがファサードに露出するなどで、外観の美しさを損なっていないか必ず確認しましょう。

2 通風（ブラインド）シャッター

　侵入窃盗の侵入口は窓が約60％を占めます。特にバルコニーに面した主寝室の掃き出し窓は、侵入窃盗犯がバルコニーの壁に身を隠してしまえば外部から発見されにくいこともあり、大変危険な場所といえます。バルコニーの壁を透過性の高いものにする、防犯灯を付けるなどの対策が有効です。

　最近は、下屋やバルコニーなど足掛かりのある2階の窓（住宅性能評価防犯性能の開口部区分b）にもシャッター雨戸を設置するなど、開口部の防犯性能を強化する家も多くなってきましたが、気候のよい時期には網戸のまま過ごしがちです。

　通風シャッターまたはブラインドシャッター等と呼ばれるシャッターは、ルーバーの角度を調整するなどで自然光を取り込み、通風もできる便利なシャッターです。窓を開けておいたまま就寝しても安心で、外部からの視線もカットできます。タイマーを設定しておけば自動で開閉するので、目覚まし代わりにも使えるかもしれません。ルーバーの交換が1本から可能なので、万が一こじ開けられても被害が少なくて済むメリットもあります。比較的高価な設備ですが検討する価値はありそうです。

■ 効率の良いエアコン配置例

窓辺を空調しながら、直接風が顔に
あたらない配置が理想的。ABは窓辺
を空調できるが、Bの方が顔に気流
が当たりにくくてよい。Cの配置は
避けること。

温められた空気は上にたまるので冷
風は上へ、温風は下へ吹き出すのが
基本。

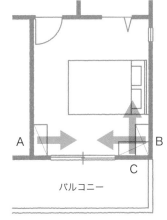

バルコニー

暖房運転時

温風

冷房運転時

冷風

■ 防犯性能の開口部区分

一般にaが最も接近しやすい開口部で、cが最も接近しにくい安全な開口部とされる（61頁参照）。

a 住戸の出入口
　開閉機構を有する開口部のうち、出入口として使用でき、かつ外部か
　ら施解錠できるもの。（玄関や勝手口など）

b 外部からの接近が比較的容易な開口部
　地面から開口部の下端までの高さが2m以下の開口部。または、バル
　コニー等から開口部の下端までの高さが2m以下で、かつ、バルコニー
　等から開口部までの水平距離が0.6m以下の開口部。

c その他の開口部
　a及びb以外の開口部

標準的なシャッターの場合でも、高齢者等でも開閉しやすい電動シャッターが便利です。

③ 室内物干し設備

　共働きなどの理由で夜に洗濯する家庭が多くなり、大気汚染やプライバシーなどの理由も相まって室内干しをする家庭が多くなってきました。

　室内干しの場所としてはリビングが最も多く、次に空き部屋、主寝室と続きます。近年は部屋干し専用のスペースを設ける家も出てきました。室内干しをしない場合でも、主な物干し場所であるバルコニーに近い主寝室に、急な雨降り時などの対策として室内物干しの設備を設けておけば安心です。

　室内物干しユニットは、天井内にユニットを埋め込むタイプと、天井または壁に直付けするタイプがあり、棹の数は1〜2本で手動または電動で竿が必要な高さまで下降する便利な設備です。

④ 感知警報装置

　感知警報装置は、寝室への設置が義務付けられています。火災による煙を感知して早期に気付かせるという観点から、全ての機器が連動する等級4の基準で設置することが望まれます。詳しくは54頁を参照してください。

⑤ 壁埋め込み金庫

　床置きの金庫は持ち去りがしやすく、隠すのが難しいのに対して、間仕切り壁に埋め込むことができる貴重品金庫は見つけにくく、テンキータイプにすれば鍵の管理も不要です。

通風（ブラインド）シャッター

プライバシーとともに日射の制御にも有効なので、主寝室の他、リビングの掃出し窓にもおすすめの設備。

90°開放時　　45°開放時

（出典：YKKAP株式会社　https://www.ykkap.co.jp/products/window/shutter/x-blind/）

室内物干し設置例

簡易な例としては、必要な時だけ天井に金物を設置して、物干し竿を通して干すタイプ、壁間にワイヤーを通して干すタイプなどもある。

（出典：森田アルミ工業　https://www.moritaalumi.co.jp/product/detail.php?id=11）

（出典：川口技研　https://www.kawaguchigiken.co.jp/products/monohoshi/indoor-spot）

（出典：パナソニック株式会社 https://sumai.panasonic.jp/interior/miriyo/hoshihime/）

壁埋め込み金庫

布団や衣類が入っている状態では、金庫の存在自体がわかりにくい。

（出典：防犯・防災グッズ通販所　https://www.bouhan-bousai.jp/product/728）

08 和室の設備

　和室には個室や客間として利用できる独立和室、法事などにも使える二間続きの和室、リビングとの関係を重視した畳コーナーに近いものなど様々なバリエーションがあります。ここでは床の間、仏間などの設えのある独立和室の設備について考えます。

⌂1 和の意匠と機能に合わせた照明とコンセントの配置

1 照明配置計画

　和室の特徴は座の空間であることです。座布団に座ったときの目線高さは、リビングでソファに座ったときよりも 20 〜 30cm 低くなります。

　和室の設えとして、障子の下半分にガラスがはめ込まれている雪見障子や、床の間の床板が低い位置にあるように、明かりもそれらに合わせてペンダント型の照明を吊り下げる、フロアスタンドを置くなどして光の重心を下げるとよいでしょう。シェードの素材も畳や土壁、杉板天井などの素材に合わせて、木や竹、紙などの自然素材を使ったものを選択するように心掛けましょう。

　ペンダントライトを全体照明用として吊り下げる場合は、シェードの大きさ（縦×横、直径）、高さ、配光方向などを加味して吊り下げ高さを調整する必要があります。低くしすぎると天井面が暗く圧迫感を感じ、逆に高くしすぎるとペンダント照明の意匠が損なわれます。

　ダウンライトで配灯する際は、障子や畳、座卓の形に合わせて木枠付の角型の器具などにすると雰囲気が合うでしょう。

　「住宅用カタログにおける適用畳数表示基準」によると 8 畳用の LED シーリングライトの全光束は 3300 〜 4300lm となっています。ダウンライトで配灯する場合は、100W 相当の器具（定格光束 700lm）であれば、4 〜 6 灯を部屋の中央に集中配灯してください。

　茶系や緑系など色のついている壁は、光の反射の加減で部屋が暗く見えま

■ 和室照明の設置高さのイメージ

提灯型のペンダントライトは高さがある（H-500 程度）ので、寝室に使う際は注意が必要。客間などで、座卓の上部に設置すれば下を通ることがないので頭上を気にする必要がない。

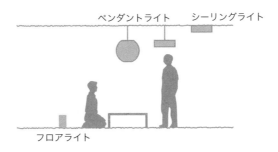

■ 和室の設備の設置例

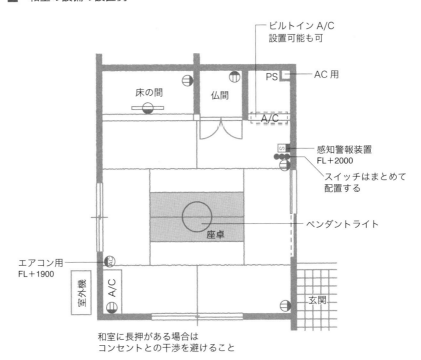

和室に長押がある場合は
コンセントとの干渉を避けること

す。高齢者等が使用する場合は、基準より明るめの器具を選択しましょう。

　床の間の照明は、座った状態で光源が見えないように配置しましょう。横長の照明は床の間全体を明るく照らし、ダウンライトは置物などを立体的に照らす効果があります。

　スイッチは操作したい照明（床の間灯、縁側灯など）の近くに設置するのでなく、出入口付近にまとめた方がすっきりとします。プレートの色は壁の色に合わせて極力目立たないようにしてください。設置高さは高齢者等でも操作しやすい FL ＋ 1000mm にするとよいでしょう。

２ コンセント配置計画

　客間利用の和室で使う家電には、テレビ、フロアライト、エアコンなど一年中固定して使う家電の他、扇風機、掃除機など持ち運びして使う季節の家電などが考えられますが、多用途に活用できるように、寝室と同等の家電の使用を前提にして計画しましょう。

　和室は引戸、引違い戸が多く用いられ、床の間などの付帯空間もあることから、コンセントの設置場所が限られます。固定して使う家電用の他、持ち運びして使う家電用として最低２ヶ所は設置しましょう。

　和室は洋室と異なり床の間、仏間、広縁のような付帯空間があり、それぞれの用途に合わせたコンセントが必要です。

　床の間には、雛飾り用などに使えるコンセントがあれば便利です。使用しない時に目立たない場所に設置しましょう。仏間には仏壇用のコンセントが必要です。軸回し襖にするとコンセントと干渉するので、スイッチと連動させておきましょう。広縁は和室と障子で区切られるので、別に１ヶ所以上設けておきましょう。お茶室の用途がある場合、茶道具に電源が必要なものがあれば適宜追加してください。

　プレートの色は壁の色に合わせて極力目立たないようにしてください。設置高さは特に指定がない限り、高齢者等でも操作しやすい FL ＋ 400mm にするとよいでしょう。

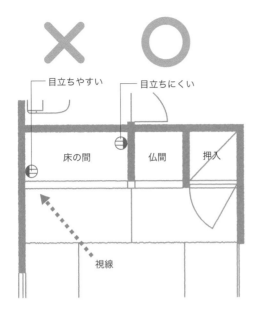

床の間のコンセントは視線の死角になる位置に設置するとよい。

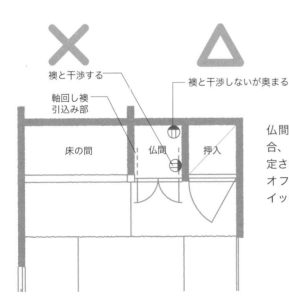

仏間の扉を軸回し襖にした場合、コンセントの設置位置が限定される。手元スイッチでオンオフするか、コンセントとスイッチを連動しておくとよい。

② 多用途な和室にあれば嬉しい設備

　意匠性と機能を両立させた、多用途な和室にあれば嬉しい設備のポイントについて考えます。

① ビルトインエアコン

　床の間、広縁などの付帯空間がある場合、エアコンを設置できる場所がかなり限られます。設置できたとしても見栄えが悪くなるのは困るので、計画段階からエアコン用の壁面を意識して確保するようにしましょう（右図）。押入の天袋などにビルトインエアコンを設置すれば和室の意匠も損なわれなくてよいでしょう。室外機側に200Vの電源が必要です。

② 堀座卓

　収納可能な堀座卓（右下図）を設置すれば、夏は座卓、冬はこたつとして利用できるので便利です。大人2人が使える3尺×3尺から、6人でも使える3尺×6尺までのサイズがあり、フローリング床にも対応できる洋風の仕様もあります。100Vの専用電源が必要です。

③ 感知警報装置

　感知警報装置は煙または熱を感知して火災を知らせる機器で、寝室への設置が義務付けられています。和室を寝室の用途に使わない場合、設置義務はありませんが、多用途に使えるように設置することが望まれます。

④ 物干し設備

　広縁は日当たりがよく、和室と障子で仕切ることもできるので、室内物干しスペースに最適です。取り外し可能な竿掛け金物を設置しておくと、簡単に着脱できるので便利です。詳しくは148頁を参照して下さい

■ 壁付けエアコンの設置が難しい和室の例

エアコンの設置場所は、室外機の位置や配管ルート、メンテナンス性も検討して決める。本格和室になるほど、壁掛けエアコンは意匠に合わない。ビルトインエアコンを推奨する。
A：室外機の位置が悪い。
B：外部配管ルートと、室内機の見栄えが悪い。
C：仏間の方向に風が吹くので良くない。
D：和室入り口正面で見栄えが悪い。

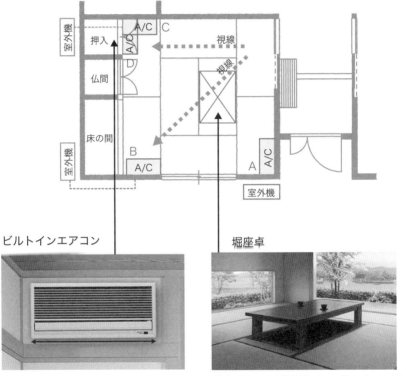

ビルトインエアコン

（出典：パナソニック株式会社　https://panasonic.jp/aircon/housing/built-in/kb.html）

910モジュールの柱間に設置可能なサイズ。化粧グリルの色も選択できる。

堀座卓

（出典：パナソニック株式会社　https://sumai.panasonic.jp/interior/miriyo/horizataku/）

8畳の場合、部屋の中央に設置するのは難しい。

09 バルコニー・屋根の設備

近年、敷地の広さや安全性、プライバシーなどの理由から、バルコニーを物干しスペースの他、子供やペットの遊び場、ガーデニングスペースに使って楽しむ家庭が増えてきました。屋根は太陽光発電、屋上バルコニーとしての利用も進んできました。ここではそれぞれの用途にあれば嬉しい設備について考えます。

⌂1 用途から考えるバルコニーの設備

1 照明・コンセント設備

❶ 照明配置計画のポイント

バルコニー照明の用途は防犯用、ライトアップ用、物干しなどの作業用の他、パーティーなどにおけるライティングの用途も考えられます。

防犯用、作業用にブラケット灯を設置する場合は、室内から見て眩しくないように、建物側の壁にバルコニー床＋2.0m程度で設置すると、邪魔にならずメンテナンスもしやすくてよいでしょう。バルコニーの奥行きが狭い場合は、前室（主寝室、2階ホール等）の明かりがあれば特に作業用照明に配慮する必要はありません。

❷ コンセント配置計画のポイント

日曜大工用、フロア（スポット）ライト用、イルミネーション用、アウトドアクッキングの調理器具用などの電源として、防水型のコンセントを1ヶ所以上設置しましょう。

2 給排水設備

❶ 給水設備

バルコニーや室内の掃除用、植物への水やり、ペットを洗う際などに必要です。水栓だけでなく、スロップシンク付にすると汚れ物の洗濯にも使えるので便利です。内部PSから立ちあげるか、外からバルコニーの壁を貫通さ

せて配管します。

❷ 排水設備

　バルコニーの排水設備は、雨水の排水能力だけを考えると、余程大きな規模のバルコニーでない限り１ヶ所あれば十分です。ただし、落ち葉やゴミといった雨水以外のものが排水を妨げ排水設備が詰まることで、室内に雨水が流入する恐れがあるので、できれば２ヶ所設置しておきましょう。

　１ヶ所しか設置できない場合は、室内より低い位置にオーバーフロー管を必ず設置してください。排水設備が２ヶ所ある場合でもオーバーフロー管があるとより安心です。

■ バルコニーの設備の配置例

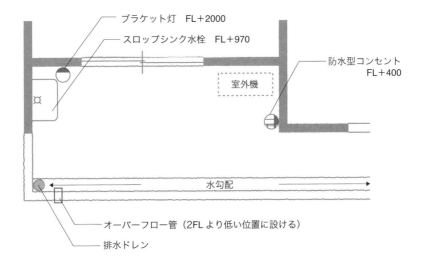

3 物干し設備

　敷地が狭い、日当たりが悪い他、プライバシーの問題も相まって、外干しする方のほとんどが庭でなく、バルコニーを物干し場として活用しています。

　置き型の物干しセットは、強風時に飛散する恐れがあるので危険です。専用の物干し金物を利用すると便利で安全です。

❶ 物干し金物の種類

a) 腰壁設置用

　バルコニー腰壁で隠れる高さで干せるので洗濯物が外から見えにくく、建物の美観を損なわないメリットがあります。高さ調整可能なタイプを上にあげて使用すると、外部からは見えやすくなりますが、日差しが当たりやすくなるメリットがあります。最も多く使用されているタイプです。

b) 外壁設置用

　窓際の壁に設置することで、室内から物干しが可能で、軒を深くすれば洗濯物も濡れにくくなります。物干し時はバルコニーへの出入りがしにくく、外部から洗濯物が見えやすいのがデメリットです。

c) 軒天設置用

　軒天に設置することで、洗濯物が濡れにくく、設置位置を工夫すれば室内からの物干し作業も可能です。外部から洗濯物が見えやすいのがデメリットです。

❷その他の注意事項等

- 物干し竿を2本使用する場合、バルコニーの奥行寸法は有効で1.2m以上です（竿間隔0.3m×2、作業空間0.6m）。芯寸法で1.5m以上確保できるように計画するとよいでしょう。

- 洗濯物が濡れないように、後付けでテラスを設置した例を多く見かけます。見栄えが悪く、安全性も担保されず、確認申請に未記載であれば法律にも抵触することなので、半屋外型のロッジアバルコニーを設計に含めるなど、建物本体でその機能を満たすようにしましょう。テラス（カーポート）の申請については169頁を参照してください。

- バルコニーの前室（主寝室、2階ホールなど）に、物干し用の設備があれ

ば急な雨降り時や、物干し作業の準備にも使えるので便利です。

4 サービスバルコニー

2Fキッチンから使える位置に設置すればゴミの仮置き等に使えます。エアコンに適切な室外機置場や配管ルートが見当たらない場合、専用の室外機置場としてサービスバルコニーを設ける場合もあります。給湯器を設置する場合は防水型のコンセントを設置する必要があります。

■ 物干し金物の設置例

物干し金物を選択する際には、物干し作業の容易さの他、洗濯物の濡れにくさや外観にも考慮すること。

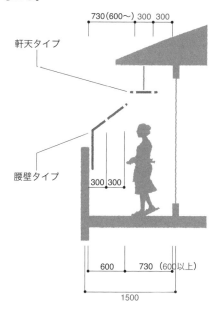

② 太陽光発電設備

1 太陽光発電設備の現状と今後

　太陽光発電は、2030年までに日本のエネルギー需給率を25％にする目標を達成するにあたって、創エネの核となる設備です。

　太陽光発電の搭載率は2018年で約8％程度（太陽光発電協会調べ）、2030年には10％程度に達するとする予測もあります。

　売電価格は当初の42円/kWhから年々下がり、2019年には24円になりました。太陽電池パネル（耐用年数20年〜）、パワーコンディショナー（耐用年数10年〜15年）などの設備も老朽化が進み、国の補助金制度も2013年で終了するなどデメリットもありますが、電気料金の上昇、ZEH補助金の交付、発電効率の向上と設備費のコストダウンなど、太陽光発電設備を検討する上でメリットとなることも多くあります。家庭用蓄電池と併用すれば、発電した電気をさらに効率よく使うことができます。

2 効率よく発電するための屋根の設計

　屋根の向き（方位）、角度（陸屋根除く、屋根勾配）、面積（屋根の形状）が重要です。

　太陽光発電協会の資料（東京都傾斜角30°の場合）によると、屋根の方位別発電効率は、南面を100とした場合、東西面で83、北面で62です。南面に、最も面積の広い屋根を配置できれば有利です。

　最適な屋根勾配は太陽高度の関係で地域によって異なります。経済産業省のデータによると福岡26〜28°、大阪28〜30°、東京32〜34°、札幌34〜36°が年間最適傾斜角とされます。ちなみに6寸勾配の屋根の角度は約31°です。

　次に屋根の形状です。屋根が南向きであることが条件ですが、片流れ屋根、次いで切妻屋根が最も効率よくモジュールを設置できるといえます。

　寄棟は3面の屋根（東、西、南）にモジュールが設置できるメリットが

あります。デメリットとしては隅棟部分等の台形や三角形のモジュールにコストがかかり、設置効率も悪いことがあげられます。

　陸屋根は、最適な角度と方位で設置しやすいメリットがありますが、架台に費用が掛かるデメリットがあります。

　複雑な屋根形状は、互いの屋根で影を落とし合う可能性があります。モジュールの設置効率、発電効率を重視するのであればシンプルな大屋根がベストです。

■ 方位別の発電効率

発電効率の良い南面に、多くのモジュールを設置できるかがポイント。

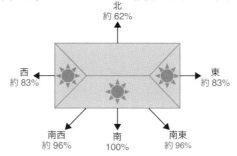

（出典：太陽光発電協会　http://www.jpea.gr.jp/inquiry/q_a/index.html）

■ 設置角度別の発電効率

1年を通じて最も日射量が大きくなる条件は、真南の方位で約30度の傾斜角度のときと言える。

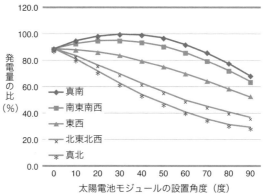

（出典：太陽光発電協会　http://www.jpea.gr.jp/inquiry/q_a/index.html）

10 エクステリアの設備

　エクステリアの設備は住宅の防犯性、安全性、利便性を補完する他、地域の緑豊かな住環境維持のために必要です。

⌂1 安全性と美観を兼ね備えた照明計画

1 照明配置計画

　エクステリアの照明は明るく照らす以外に視認性、演出性、防犯性も求められます。明るくしすぎない、眩しくしない、センサーライトなどが周囲の迷惑にならないような配慮も必要です。

　エクステリア灯のスイッチは明るさを判断して自動で点灯、消灯する明るさセンサ付きが便利です。消灯タイマ付スイッチにすれば消灯時間をコントロールできます。手動の場合は玄関ホールのスイッチで操作しましょう。

❶ 視認性のポイント

　門まわりではアプローチの段差、新聞受け、インターホン、表札、鍵穴、カバンの中身などの視認性が求められます。門まわりに必要な明るさは文字や形が正確に判断できるレベルの30lx、アプローチは段差が認識できるレベルの5lx が目安とされています。

　庭の全般照度の目安は30lx ですが、食事を楽しむ場合は100lx で、テーブル面の照度は200lx が理想的です。車庫は50lx で、屋外で工具を使って作業を行う場合は100lx が目安となります。玄関ポーチには照明の他、少なくても片側に連続した水平手すりを、高さ800mm を目安に設置して下さい。

❷演出性のポイント

　エクステリアは室内と違って外からも見えるため、良くも悪くも地域への波及効果が高くなります。

■ 玄関ポーチに必要な設備の例

玄関ポーチステップの例

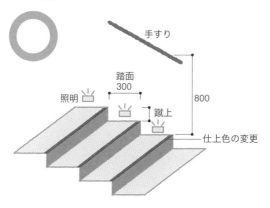

■ 樹木のライトアップのポイント

器具を樹木の裏側にするなどして、室内からは照射面だけが見えるように計画する。

歩行者に対しては、眩しくないように器具の設置位置、照射方向に気を付けて計画する。

イラスト：小山幸子

照明器具の意匠性を上げて、樹木や壁面の照らし方を工夫するなどして演出性を高めましょう。

樹木を照らす明るさの目安は30lx です。照明器具の直射水平照度分布図を利用して確認しましょう。配灯のポイントは外から見て眩しくなく、室内から見る際も、光源が直接見えないように器具の配置を工夫して照射面を美しく見せることです。樹木の高さや葉の繁り具合、人との距離などによって、樹木を足元から照らす、離れて照らす、建物の壁から照らすなど効果的な照射方法を選択しましょう。

壁面を照らすと、反射光の効果もあって空間全体の明るさ感が上がります。視線の奥の壁を明るくすることで、人に興味を起こさせ安心感を与えて前に進みやすくなるというサバンナ効果が得られます。

❸防犯性のポイント

56頁で紹介した防犯環境設計4原則の中の、①監視性の強化、②領域性の確保には地域ぐるみの対策が効果的です。

視認性確保や演出用の照明以外にも常夜灯、センサーライトなどを配灯して建物や樹木による暗がりができないようにしましょう。明かり豊かで美しく整備された街並みは、街の資産価値を高めるだけでなく、同時に防犯性能も高めます。

2 コンセント配置計画

屋外防水コンセントは日曜大工などで使う電動工具、洗車などに使う高圧洗浄器や掃除機、電気自動車等の充電、庭のライトアップなどに使う照明に使用します。庭や玄関、車庫など必要な場所に適宜設置して下さい。

その他、浄化槽のブロワやガス給湯器の電源、電動カーゲート、電動シャッターなどのエクステリア部材にも電源が必要になります。防犯灯などを後付けする時のために予備のコンセントも設けておくとよいでしょう。

電気自動車等の充電用設備は毎日抜き差しするものなので、腰を屈めずに使用できる GL ＋ 900 ～ 1200mm の高さへの設置が推奨されています。電気自動車の車種により充電口の位置、ケーブルの長さが異なるので設置場

所には注意が必要です。充電設備には 100V と 200V の仕様がありますが、充電時間が 1/2 〜 1/3 ほどで済む単相 3 線式 200V がおすすめです。

■ サバンナ効果

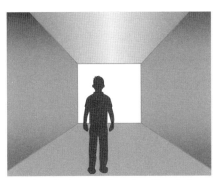

行き先の奥が明るいと、先に進みやすい

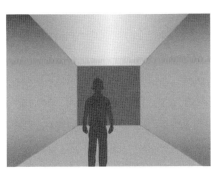

行き先の奥が暗いと、先に進みにくい

⌂2 緑豊かな住環境のための給排水計画

1 屋外給排水計画

　給排水管のルート及び雨水桝、汚水桝の設置場所は、エクステリアの計画なしに決定できません。アプローチ上など目立つ場所に桝を設置しない、車が通行する場所には耐圧蓋を設置するなどは 14 頁でも紹介しましたが、植栽工事との関係にも注意が必要です。

　一般に植栽の図面には樹木の幹しか記載されませんが、植え込みに必要な穴は、幹の直径の 3 倍程度とされる根巻きの直径よりも、さらに大きく掘る必要があります。シンボルツリーなど、比較的大きな樹木の根巻きが配管に干渉して、計画通りの位置に植わらない事例はよくあることです。屋外給排水工事に着手する際は、植栽計画の入った最終形のエクステリア図面を基に、造園業者等と必ず擦り合わせしましょう。

　宅地内の公共桝（汚水、雨水）、水道メーターは原則移設できません。アプローチにそれらが設置されないように考慮して計画して下さい。

2 屋外水栓設備

　屋外水栓の種類は散水栓と立水栓があります。散水栓は床に埋めて設置されているので邪魔になりませんが、使用する際は屈んだ姿勢で水栓をひねり、ホース等を取り付ける必要があります。主に洗車や庭の水まきに使います。

　立水栓は立ったまま使用できます。ガーデンパン、スロップシンクと併用するとバケツに水をためる、汚れ物を洗う、帰宅時に手洗いする、ペットを洗うなど用途も広がります。

　水栓、ガーデンパンには多様なデザインがあるので、庭の意匠に合わせて選択できます。ガーデンパン、スロップシンクの排水は雨水ではなく汚水に接続する必要があります。

■ 汚水桝の設置例

よくない例
玄関ポーチの前で汚水管を合流させて、最短ルートで宅地内の公共桝へ放流。ポーチ上に汚水桝が設置されるよくない配管の例。

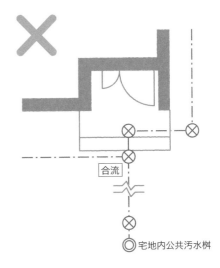

よい例
合流地点を西側にずらして、宅地内の公共桝へ迂回して放流。桝の数が増え、配管も長くなるが、玄関ポーチ上に汚水桝が設置されないよい配管の例。

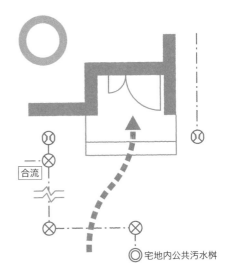

③ その他の設備

1 宅配ボックス

　不在時でも荷物を受け取ることができる宅配ボックスは、便利なだけでなく、人と顔を合わせる必要がないため、防犯面でも安心です。

　施解錠はダイヤル錠方式が一般的で、設置方法は外壁や門塀に埋め込む（掛ける）、機能門柱と組み合わせるなどの他、据え置くタイプもあります。受け取り可能な荷物の重量やサイズは、商品によって異なるため、よく宅配される荷物を考慮して選択しましょう。

2 カーポート

　カーポートは確認申請での許可が必要な建築物です。法律に適合したものを設置しましょう。住環境向上のため、カーポートの設置を禁止している地区もあります。

❶ 基礎施工時の注意事項

　カーポートには基礎が必要です。特に敷地境界に沿って設置する場合は、給排水管（給水、雨水、汚水）やブロック塀の基礎との干渉に注意しましょう。建物に近接して設置する場合は、建物側の基礎を偏心基礎にする、深基礎にするなどして基礎同士の干渉を避けましょう。

❷ 確認申請のポイント

　市販品の金属製のカーポートは、その構造方法が建築基準法で認められていなかったことから、構造の安全性の証明が容易でないこともあって無届けで建築されてきた経緯があります。カーポートの設置に許可が必要と知らない施主も多いことでしょう。

　平成14年の国交省の告示に技術基準などが示されたことで、アルミ合金造の建築物（カーポート等）の確認申請が容易になりましたが、それまでの慣例通り建物の完了検査後に無届けで施工する例が後を絶ちません。カーポートは法令を遵守して設置しましょう。

- **法令違反していなくても申請しない理由**

> ・建築確認提出のタイミングで、カーポートの仕様が決まらなかった。仕様が決定した後に変更設計するのが面倒なため申請しなかった。
> ・カーポートは建物の完了検査後に設置するのが慣例化しているので申請しない。それでよいと思っている。

- **法令違反で申請できない理由**

> ・建蔽率（敷地に対しての建築面積の割合）を超過するので申請できなかった。
> ・壁面後退線（道路、隣地境界線からの壁面線の後退距離）を超えて設置するので申請できなかった。
> ・基準に適合した仕様（屋根材の仕様等）にしていないので申請できなかった。

おわりに

　私が住宅設計の仕事を始めた 30 年ほど前と比べて、住宅のもつ基本性能は、特に耐震、断熱性能面において進化し、高い基準で標準化されました。住宅の性能を見える化した住宅性能表示制度、長期にわたり住み続けられる住宅の基準として、長期優良住宅の認定制度も始まりました。

　本書で扱った住宅の設備に関してはどうでしょうか。新しいエネルギーとして太陽光発電が急速に普及し、IH ヒーター、エコキュートとセットになったオール電化住宅が最先端の住宅としてもてはやされたのもそのころだったように思います。今はスマートハウスと呼ばれる、IT を使って設備機器や家電などをコントロールできる省エネ住宅が普及しています。まるで家そのものが一つの設備機器のようです。インターネットが個人の生活の隅々まで浸透し、そのことがリビングなどの間取りの考え方にも影響をおよぼしてきたのは本書に記した通りです。

　プラズマテレビが寿命を迎え、4K 対応のアンドロイドテレビがやってきました。使いこなせているとは言えないまでも、「鬼滅の刃」を高画質で楽しむことで、子供たちの話題に入ることができて満足しています。子供に掃除を頼むとお掃除ロボットのボタンを押してくれます。何かを調べるときはアレクサに問いかけると答えてくれます。益々便利な時代になりました。

　私たちの生活は望むと望まざるとにかかわらず、時代とともに変化していきます。本書の内容が古くなって、わずか数年後に同じテーマで執筆する必要が出てくるのかも知れません。老け込む暇はなさそうです。

　最後に、本書を出版するにあたってご協力くださった一般社団法人日本建築協会ならびに同出版委員会の方々に対して深く謝意を表します。株式会社学芸出版社の岩崎健一郎氏には企画から編集、そして出版に至るまで大変お世話になりました。また執筆に際し協力してくださった、その他すべての方に厚く御礼申し上げます。

堀野和人

著者紹介

堀野和人（ほりの　かずと）

一級建築士事務所スマイリズム．代表。ゼネコン、ハウスメーカー設計室勤務を経て現職。一級建築士、一級建築施工管理技士。著書に『図解住まいの寸法』『図解間取りの処方箋』(学芸出版社)

加藤圭介（かとう　けいすけ）

1964年大阪生まれ。空調設備会社勤務を経て、現在は総合設備会社及びビル管理会社の役員。エネルギー管理士、一級管工事施工管理技士。

図解　住まいの設備設計
暮らしやすさから考える家づくりのポイント

2021年2月10日　第1版第1刷発行

企　　画………一般社団法人 日本建築協会
　　　　　　　〒540-6591 大阪市中央区大手前 1-7-31-1F-B
著　　者………堀野和人・加藤圭介
発 行 者………前田裕資
発 行 所………株式会社 学芸出版社
　　　　　　　京都市下京区木津屋橋通西洞院東入
　　　　　　　〒600-8216　電話 075-343-0811
　　　　　　　http://www. gakugei-pub. jp/
　　　　　　　Email　info@gakugei-pub. jp

編集担当………岩崎健一郎

D T P………株式会社フルハウス
印　　刷………創栄図書印刷
製　　本………新生製本
装　　丁………中川未子（よろずでざいん）